社会福祉専門職ライブラリー
介護福祉士編

監修
阿部志郎・一番ヶ瀬康子・木下安子
児島美都子・仲村優一・古川孝順

一番ヶ瀬康子・古林澪映湖　編

社会福祉概論

誠信書房

はしがき

　いよいよ21世紀である。
　21世紀の重要な課題の一つは，少子高齢化の進展である。おそらく，少子高齢化は世界的な規模で進むであろう。そのなかで，日本は最も早く，しかもアジアでは初めての高齢社会を迎えた。それだけに，どう対応するかということは今大きな課題となっている。とりわけ，介護福祉の量，質の問題はきわめて大きなこれからの課題である。
　その介護福祉の担い手を育成するために，このシリーズ「社会福祉専門職ライブラリー」は作られた。そのなかで，社会福祉概論の役割はきわめて大きいと考えている。なぜなら，単に介護は，世話だけでなく，その人に合った生活面からの自立を促す，そのケアであるからである。しかも，介護に福祉がつけられ，介護福祉となるということは，その自立過程を通じながら日々の暮らしのなかで，幸せを促すという役割がある。しかも，福祉は人権である。今日，介護はまさに人権の重要な局面であり，ことに終末に向かっての介護は，人権保障の総仕上げともいうべき意味がある。
　以上のことをより明確にするためには，介護概論その他介護技術に関する科目の存在も大きいが，特にそれらの基盤となる福祉，そして社会福祉の意味，またその展開方向を明確にすることが重要である。その意味で，介護福祉教育・学習のなかでの社会福祉のもつ意味を考え，特に，その重要性を念頭に置いた編者および筆者とともにこのテキストを作りあげた。
　共編者の古林澪映湖は，かつて，『老人福祉とは何か』（ミネルヴァ書房，1985）を共同執筆した古くからの仲間であり，そのなかで老人福祉と介護の接点を明確にし，それを通じて高齢社会の将来展望を試みた。その後，古林

は，田原福祉専門学校で副校長として介護福祉教育に携わり，体験を積んできた。また，共同執筆者である鈴木依子は，介護福祉教育に長年従事し，介護福祉を希望する学生を理解しながら，その教育に努力をしてきたという経験をもっている。同じく宮崎牧子は，大学の老人福祉の担当者として日々努力をしてきた。また，部分執筆者である藤山邦子は，かつて介護福祉教育に従事し，現在は特別養護老人ホームで実践を積み上げている。

　私たちは何回か合議し，特に次の三点を工夫して，このテキストを執筆した。

　第一に，各章の初めに，どういう意味でこの章を学ぶのかということについてのポイントを記し，それをさらに学習の後に研究課題で深められるように，課題の提起も試みた。

　第二に，現在の学生が十分に理解できるように，原則として具体的な事実を右側のページに資料として示し，左側のページにそれをいかにとらえて考えるかという認識について述べた。右側のページの事実を示す資料は，時々，折々に差し替えるつもりであるが，各自がそれを参考にしながら，さらに加えてくだされば幸甚である。

　第三に，介護福祉を担う人は，何よりも自らの福祉感性を磨くことがきわめて重要である。その意味で，詩やビデオの紹介なども盛り込んで，そのことを活用していただければと考えた。

　いずれにしても，実践に役だつ介護福祉士が数多く，しかも人間的な深さをもって現場あるいは地域に増えていくことが私どもの願いであり，そのためのテキストとして力を入れたつもりである。十分に教育現場で活用していただき，またご批判があれば寄せていただければと思う。

　　　2001年夏

　　　　　　　　　　　　　　　　　　編集代表　一番ヶ瀬　康子

目　次

はしがき　iii

第1章　社会福祉とは何か　1

第1節　現代社会における私たちの生活ニーズの変化　2
戦後日本の社会経済構造の変化　2　　戦後日本の労働力構成の変化　4　　戦後日本の人口年齢構造の変化　6　　戦後の国民の生活ニーズの変化　8

第2節　社会福祉の基本的な考え方　12
社会福祉の定義　12　　制度としての社会福祉の範囲　14　　社会福祉をつくる　16

第3節　地域福祉の重要性　18
地縁・血縁のある地域社会の崩壊　18　　ノーマライゼーションを地域社会に実現する　22

第2章　社会福祉のあゆみ　27

第1節　社会福祉のあゆみ――日本編　28
前近代社会と慈善・救済　28　　近代社会と社会事業前史　34　　社会事業の成立と展開　38　　戦後改革期と社会福祉の近代化　42　　高度経済成長期から低成長期までの社会福祉　48　　ポスト成長期の社会福祉改革　56

第2節　社会福祉のあゆみ――欧米編　60
イギリスの社会福祉のあゆみ　60　　アメリカの社会福祉のあゆみ　74　　スウェーデンの社会福祉のあゆみ　84

第3章　社会福祉の仕組みと拡がり　97

第1節　社会福祉の主要な法律　98
法体系が整備されるまで　98　　社会福祉の主な法律　100

第2節　社会福祉の行財政　104
　　国の組織　104　　地方の組織　106　　国の社会福祉財政　110　　地方の社会福祉財政　112
第3節　社会福祉の分野　114
　　社会福祉の分野の構成　114　　児童福祉　114　　高齢者福祉　115　　障害者福祉　117　　生活保護　117　　ひとり親家庭に対する福祉　118　　災害福祉　119　　国際福祉　119
第4節　社会福祉の関連分野　120
　　介護保険　120　　教育　126　　雇用　128　　居住環境　130

第4章　社会福祉の実践と担い手　133

第1節　社会福祉の方法　134
　　社会福祉実践方法の体系　134　　社会福祉援助技術の方法論の拡大　152
第2節　社会福祉の仕事と担い手　158
　　社会福祉従事者の現状　158　　社会福祉専門職の資格　160　　社会福祉分野の資格と仕事（職種）　162　　社会福祉専門職をめぐる課題　170　　社会福祉専門職の質的向上　174

第5章　これからの社会福祉への視点　183

第1節　福祉のまちづくり　184
　　社会福祉の現状と課題を見つめる　184　　生活圏のなかでのまちづくり　186　　地域福祉の視点　190
第2節　ボランティアとNPO　194
　　ボランティアの意味と意義　194　　ボランティアとNPO　196
第3節　福祉文化の創造　202
　　福祉文化の創造　202

索　引　208

第1章

社会福祉とは何か

　福祉はすべての人の人権です。
　それは他人にゆずることのできない生命と生活，そして生涯の安心，安全，生きがいそのものの人権です。
　福祉への社会的努力である社会福祉，そして福祉サービスはいかにあるべきでしょうか。
　社会福祉はあなたの人生で，いつ必要になるのでしょうか。
　あなたの家族，たとえばおじいさん，おばあさんの生活や介護についても考えてみましょう。
　それには，おじいさんやおばあさんの時代とあなたの時代と生活がどのように違ってきたかをしっかり認識することが，まず必要です。

第1節
現代社会における私たちの生活ニーズの変化

1．戦後日本の社会経済構造の変化

　第二次世界大戦は，日本全土を焼け野原にし，多くの人々が住む家を焼失させ，食糧不足も深刻なものにした。また，戦争による犠牲者を多数出した家族や親戚があった。そのようななかで日本は戦後復興を成し遂げ，1955年から長期にわたり高度経済成長の時代を出現させた。だが，その半面で公害問題，住宅不足，環境悪化など，経済の歪みも大きくなった。その後，日本は1970年代初頭より，低成長経済の時代へと移った。

　この過程で，日本の産業構造も大きく変化した。高度経済成長期を主導したのは第2次産業であり，鉄鋼，石油化学，自動車などの重化学工業や耐久消費財産業が成長した。それに対して，農業，漁業など第1次産業の比重は低下した。さらに，低成長期に入るとともに，コンピュータに代表されるマイクロ・エレクトロニクス産業などの先端技術産業が発展するとともに，サービス，情報，通信，流通，金融など第3次産業の比重が高まった。こうした変化は，「サービス経済化」ともいわれた。

　日本の産業構造が変化していくなかで，日本経済の国際的地位も大きく上昇した。自動車，化学，電機企業などが輸出競争力を高めた結果，日本は世界有数の貿易黒字国となり，また海外に事務所や工場を設立するなど，海外進出を活発化させた。また，1980年代半ばには，金余りや超低金利を背景に地価や株価が高騰し，バブル経済が出現した。このバブルは90年代に入って崩壊し，その影響から不況が長期化し，金融機関や企業などが相次いで倒産

― コラム ―

人生の年輪

　わたしは，地主の子だった。毎年，小作米がかなり入ってきた。母と一緒に，目方をはかって記帳して土蔵倉に受入れた。入庫した米を売りさえすれば，ほかに仕事をして汗を流さなくても食っていけた。「子どもだったが，『これでいいのかな』と思った」と書いたところ，「その点は，あなたの弱いものに味方するいい点だ」とNHK学園の添削の講師に指摘された。わたしは，ハッと思った。地主の子から大学に進み，証券会社に入り，売った買ったの商いをする会社に入った人間が，老後，小金井老後問題研究会へ入会して，福祉に生きがいを求めて行動している。その源は，すでに子ども時代に，心の底に潜んでいたのだった。意外な自己発見といえよう。わたしは，この点を出来るだけ，これからの人生に活かしていくつもりである。

　第二の発見は，軍隊生活時代のことである。

　トラック島へ向かう途中，アメリカ海軍の魚雷により，わたしたちの乗っていた暁天丸は爆破された。

　そのときのことである。わたしは，いまにも船が沈み，海のもくずになろうとしたとき，ハッと，わが使命を思い出した。つまり，ボートの綱を切って，みんなを乗せなければならないことに気づいたのである。わたしは，即座に，持っていた軍刀で，その綱を切りおとし，血をはいている人，弱っている人たちをボートに乗せた。ボートは波のまにまに，大海に漂い，恐怖の夜を過ごした。

　そのときの沈着な行動は，わたしにしては珍しいことだった。せっぱつまったとき，よくもこんな意外な行動がとれたと思った。わたしは，このとき発見した自分の一面を大事にしていくつもりである。父からもらった座右銘の一句，元同志社大学総長，新島譲先生の「失意泰然」を地でいけたと思うと，とてもうれしい。感謝の気持ちがわいてくる。

(伊原種男『八十歳の青春──自分史』岩波ブックセンター，1994)

した。

　1990年代には，景気対策のために政府は多額の国債を発行したが，経済は低迷し，完全失業率は上昇を続けた。結局，国の借金だけが残り，財政赤字は先進国のなかで最悪となった。これは，規制緩和の流れを強めるとともに，税制や年金，医療のあり方に大きな影響を与えている。現在の日本は，あらゆる面で，戦後の社会経済システムの転換が迫られている状況にある。

2．戦後日本の労働力構成の変化

　第二次世界大戦後は，日本の労働力構成においても大きく変化した時代だった（図1-1，表1-1）。高度経済成長期には，若年労働力を中心に地方から都市地域への人口移動があり，農業など第1次産業従事者が，第2次ならびに第3次産業従事者に転向した。雇用の場が，大都市圏ならびにその周辺部に集中した。

　このような人口の流動化によって過疎・過密問題が引き起こされた。第1次産業である農業・林業・漁業は，土地あるいは地域社会と密接な関わり合いをもち，家族労働を中心として営むものであったため，戦前の日本は大家族を形成して生活を行っていた。これに対して第2次・第3次産業は，会社に勤める賃金労働者を増やし，雇用の場に応じて移動を余儀なくされ，土地や地域社会との結びつきをもつ必要もなくなった。

　また，サービス産業の拡大のなかで雇用形態も多様化し，契約社員，フリーターなどが増加した。さらに，都市の生活様式が変化するなかで，核家族化現象も進んだ。

　このような日本の労働力構成の変化は，新たな生活のニーズをも生み出した。労働者は，労働力を提供し，その代価として賃金を得て生活を営み，労働力の再生産を行う。労働力の提供ができなくなったときには，生活に支障

	第1次産業	第2次産業	第3次産業	分類不能
1960年	32.8	29.2	38.0	
1970年	17.4	35.1	47.3	0.2
1980年	10.4	34.8	54.6	0.2
1990年	7.2	33.6	58.7	0.5
1998年	5.3	31.5	62.7	0.5
1999年	5.2	31.1	63.1	0.6

単位：％

(注) 第1次産業は、農林水産業など、もっとも基礎的な生産物の生産にかかわる産業。
　　 第2次産業は、製造業、建築業、鉱工業など。
　　 第3次産業は、商業、運輸、通信、金融、電気、ガス、水道、公務、サービス業など。
＊第2次産業の就業者の割合はほぼ一定であるが、第1次産業と第3次産業のそれは、年ごとに大幅に変動している。

図1-1　産業別の就業者の割合

(『日本国勢図会』国勢社，2000/2001)

表1-1　労働人口の増加

> 「1955年の農業就業人口は当時の全労働人口の41.1パーセント，それが，1975年には13.8パーセントへと激減。1955年の労働人口4,194万人が，1975年には5,323万人へ，1,130万人も増加。その労働生産性は1950年から70年までの20年間に，アメリカでは1.4倍の伸びなのに，日本では10倍の急伸。実質経済成長率も平均10パーセント以上。したがってGNP（国民総生産額）は，1960年の13兆円が70年には26兆円，さらに80年代には200兆円台という驚異的増加をみせたのである」
>
> （色川大吉『昭和史 世相編』小学館，1990）

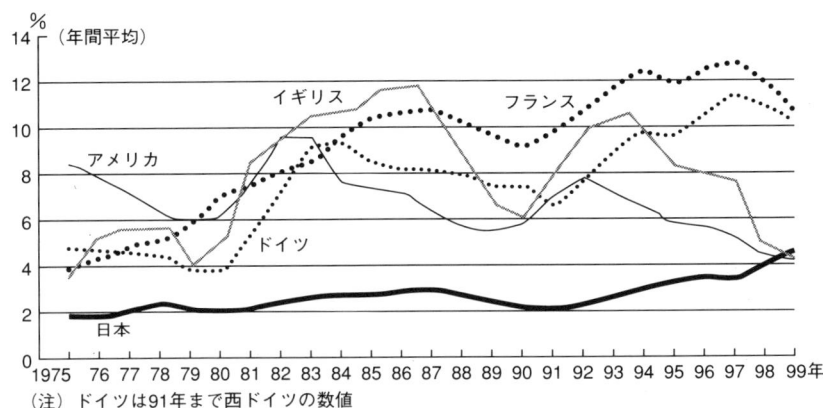

(注) ドイツは91年まで西ドイツの数値
＊経済情勢の低迷を背景に，わが国の失業率は1991年以降，上昇の傾向にある。

図1-2　主要国の失業率の推移

(『日本国勢図会』国勢社，2000/2001)

が生じてくる。労働者自身がケガや病気などにより働けなくなったり，会社が倒産することがある。また，賃金が引き下げられる場合もある。

　このようなことは，実際にバブル崩壊後の1990年代に，大きな社会問題となった。金融機関や企業の相次ぐ倒産やリストラにより，失業者が増加する一方で，賃金の引上げが困難になり，サービス残業も当たり前のようになった。また，再就職の難しい中高年層のなかには，大きな生活不安を抱えるものが増大した。戦後日本の労働市場は年功序列，終身雇用，企業別組合の3点に特色があったといわれる。しかし，それは一部の基幹労働力を除いて崩壊しつつある。

　特に完全失業者の増大は，将来の生活不安を高めている。一般に失業概念には，経済の不況に伴う失業（非自発的失業）と，急激な技術革新にもかかわらず労働力が適切に移動できないことに伴う失業（摩擦的失業）がある。近年の失業率の増大は，バブル崩壊後の長期不況，および「IT革命」と呼ばれる技術革新に伴う面が大きく，両者の失業概念が絡み合って生じている（図1-2）。

3．戦後日本の人口年齢構造の変化

　世界の人口年齢構造は，ほぼ2つの型に分類される。1つは発展途上諸国にみられる多産系富士山型構造であり，もう1つは先進資本主義諸国にみられる少産系吊鐘型構造である。この人口構造の2つの基本型を生み出した最も大きな要因は，出生率の圧倒的な違いによる。

　つまり，途上諸国の富士山型構造は，全人口中に占める年少者の割合がきわめて大きいが，老年層の割合はきわめて小さい状態である。一方，先進国の吊鐘型構造は，全人口中に占める年少者の割合は大きくないが，老年層の割合は途上国と比較してもずっと大きい状態である。

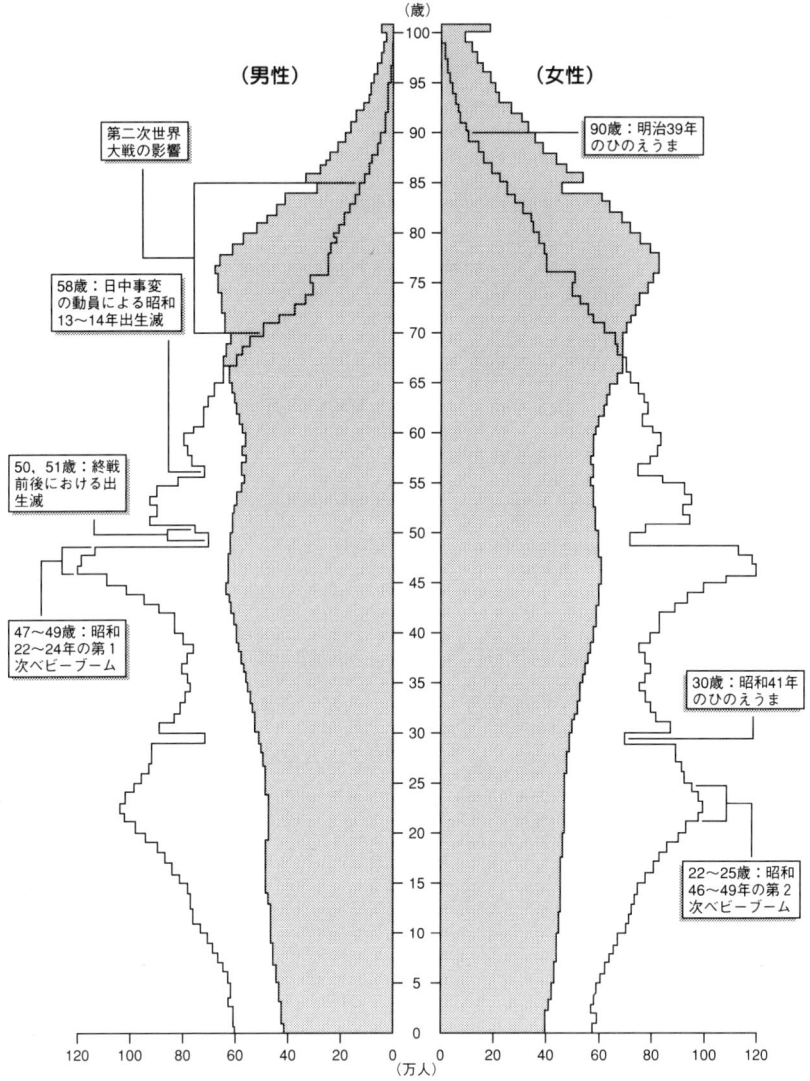

図1-3　わが国の人口ピラミッド

注：☐は平成8（1996）年，▨は平成62（2050）年

（平成62年は国立社会保障・人口問題研究所『日本の将来推計人口〈平成9年1月推計〉』，
平成8年は総務庁『国勢調査』厚生省『厚生白書〈平成10年版〉』）

しかし，戦後日本の人口年齢構造はこの2つの基本型のいずれにも属さない，世界でただ1つの人口年齢構造となった。それは，1950年までの日本の人口年齢構造は，発展途上諸国の富士山型構造であった。特に，第二次世界大戦直後の「ベビーブーム」は突出した出産増加の現象となった。ところが，1950年代にはいると急激に出生率が低下するが，他方乳幼児死亡率の急速な低下を中心にした死亡率の急激な減少により，人口増加率はわずかな低下ですんだ（図1-3）。

このようにして，急激な出生率・死亡率の変化が，世界で類をみない人口年齢構造を引き起こしていった。つまり，1955年以降に生まれた年齢層の人口構造は，先進諸国の吊鐘型構造になる。要するに，ひとつの国で富士山型構造の下に吊鐘型構造が「接ぎ木」される型になった。これは，1950年から70年に日本の人口が発展途上国型から先進国型へ移行する過程で生まれた結果であった。

以上のように，戦後日本の人口年齢構造の激変により，一時的に生産年齢人口（15歳〜64歳）の占める割合が高くなるが，それも1970，71年を頂点にして減少していく。したがって，肥大した生産年齢層が10年後，20年後には老人層へシフト・アップするので，日本の老年人口が欧米の4倍のスピードで増大するのであった。そして，21世紀のはじめには老年人口の割合が20％を超える，欧米諸国をもしのぐ超高齢社会になっていくのである（図1-4，図1-5）。

4．戦後の国民の生活ニーズの変化

戦後日本の経済社会は，高度経済成長から低成長経済への転換，産業構造の変化，そして労働力構成・市場の変化などによって特色づけられる。

こうした変化のもとで，人々のライフサイクルも大きく変化するとともに

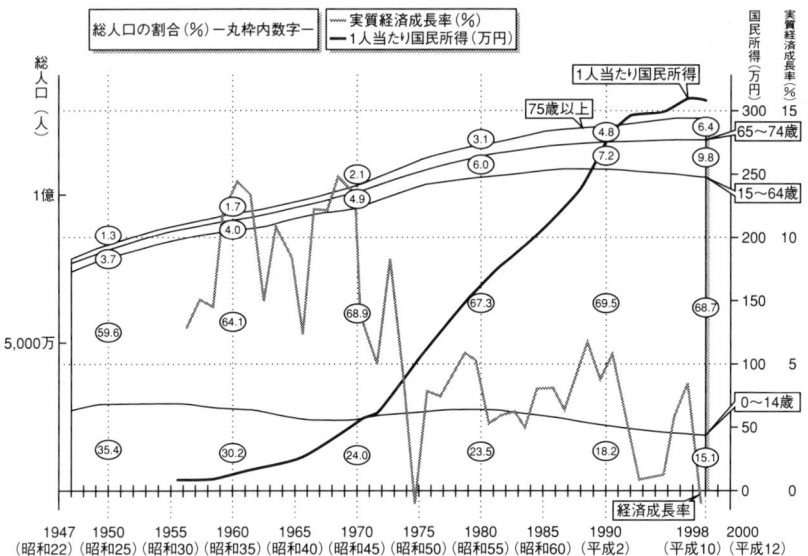

図1-4　総人口の変化・経済成長率・国民所得の向上

(総人口は総務庁『国勢調査』他，実質経済成長率及び1人当たり
国民所得は経済企画庁『国民経済計算』「年度値」から)

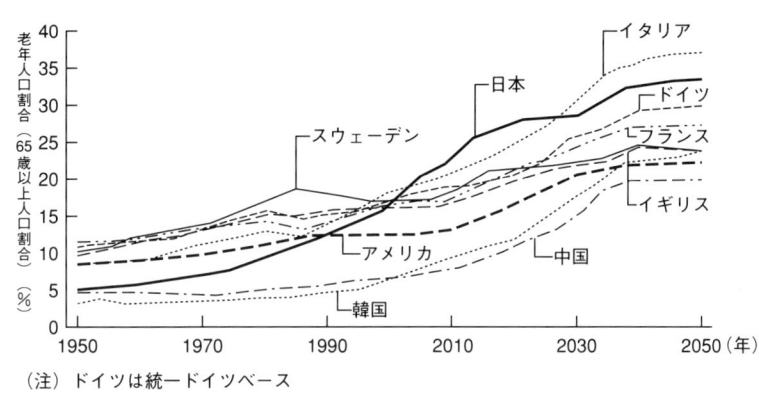

(注)　ドイツは統一ドイツベース

図1-5　先進諸国における65歳以上人口割合の推移

(日本は，総務庁『国勢調査』及び国立社会保障・人口問題研究所『日本の将来推計人口
〈平成9年1月推計〉』諸外国は，UN, World Population Prospect, 1996による)

第1節　現代社会における私たちの生活ニーズの変化

（図1-6），国民のあいだには実にさまざまな生活のニーズが存在するようになった（図1-7）。戦後の日本は高度経済成長を成し遂げることで，耐久消費財をはじめとしてさまざまな商品を市場に送り出してきた。低成長時代に入ってからは，コンピュータに代表されるような高付加価値商品が市場にあふれている。

しかし，日本は商品のあふれる国となったが，その半面ではさまざまな問題も噴出し，「豊かさ」を実感できない国になっている。

たとえば，戦後の日本では，公害・環境問題が大きな問題として浮上した。車社会の出現で，二酸化窒素の排出量が問題になった。また，日常生活から出されたゴミの処理や，企業・事業所から出される産業廃棄物は，現在でも大きな社会問題となっている。そのようななかから，「大量生産・大量消費・大量廃棄」型の社会経済構造や生活様式を見直し，環境保全を枠組みとした「循環」型社会へ移行すべき時代を迎えている。

戦後日本では，また社会資本の整備の立ち遅れも指摘されてきた。公園，生活道路，住宅，社会福祉施設，障害者施設などの整備水準は，国際比較でみても依然として低い。

戦後の日本が世界有数の経済大国・貿易大国になったといわれたが，その経済力が必ずしも国民の生活や環境の向上に結びついていないのが現状である。

日本の地域格差も，依然解消されていない。日本経済の国際化・サービス化とともに，政治だけでなく経済，文化，情報など中枢機能が東京に集まるようになり，「東京一極集中」という言葉さえ聞かれるようになった。しかし，大都市部では住環境は悪化したままであり，交通渋滞も解消されていない。一方，地方の過疎地などでは若年層が減り，農業の担い手なども不足して後継ぎ問題が深刻化し，土地や地域社会との結びつきが稀薄になりつつある。

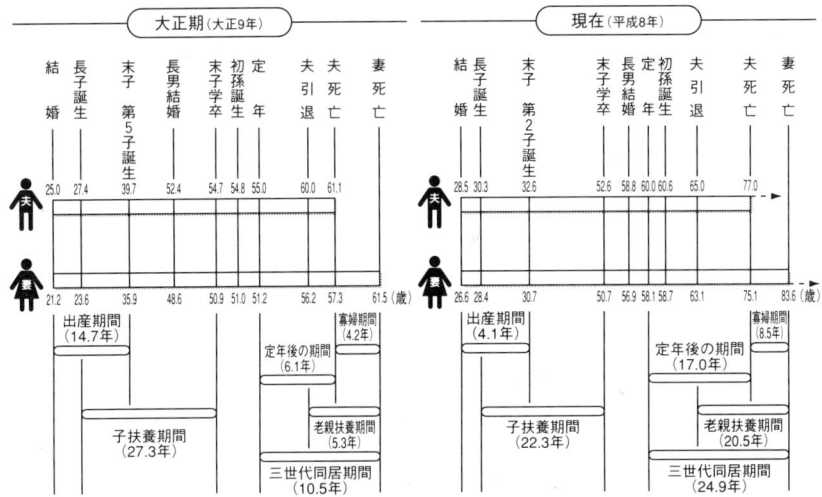

図1-6　ライフサイクルの変化
（一番ヶ瀬康子・伊藤隆二『高等学校福祉科　社会福祉基礎』一橋出版）

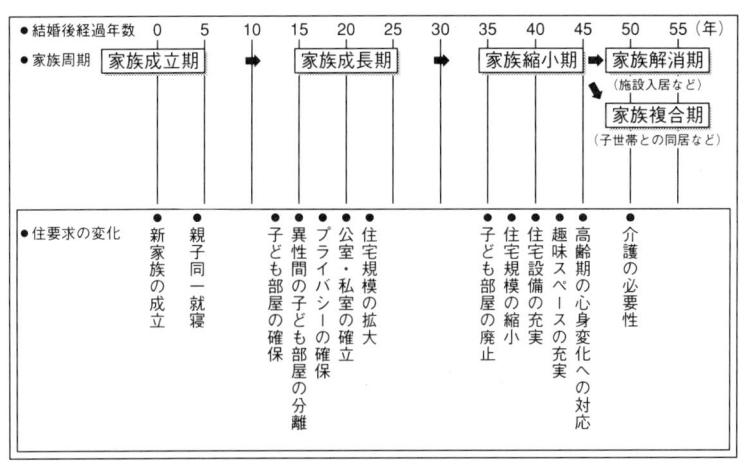

図1-7　家族周期と住要求の変化
（内堀繁生編『住居設計論』理工学社，1994）

第1節　現代社会における私たちの生活ニーズの変化

第2節
社会福祉の基本的な考え方

1．社会福祉の定義

　「福祉」は英語で表すとWelfareである。これは，Wellの"快い""健全"という意味の言葉と，"Fare"の"暮らす""やっていく"という意味の言葉が合わさりできた。したがって，Social WelfareはWelfareに対するSocialな努力，「社会福祉」と表した（図1-8）。

　こうしてみると，「福祉」は一人ひとりが自分の暮らしむきを良くするという個人の努力であることに対して，「社会福祉」は個人の「福祉」に対する努力を社会方策や社会的努力により実現するための方法である。

　一番ヶ瀬康子は，社会福祉を「福祉をめぐるところの社会的努力である」と定義している。つまり，「福祉」とは，広義でとらえると"しあわせ"や"幸福"といわれるものであり，狭義でとらえると"暮らしむき"あるいは"幸福追求のための暮らしの条件"ということになる。

　つまり，社会福祉を漠然とした理念や望ましい状況としてのみとらえないで，現に存在している生活問題に対する社会施策としてどうなのか，社会的状況としてはどうなのかととらえる必要がある。

　わが国において，社会福祉という言葉が一般的に使用されるようになったのは，日本国憲法第25条で位置づけられたためである。しかも，同条1項では，「すべて国民は，健康で文化的な最低限度の生活を営む権利を有する」という生存権の規定に対して，さらに2項で「国は，すべての生活部面について，社会福祉，社会保障及び公衆衛生の向上及び増進に努めなければなら

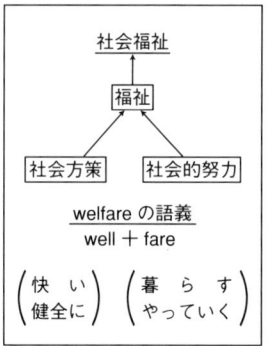

図1-8 社会福祉とは何か
(一番ヶ瀬康子編著『新・社会福祉とは何か』ミネルヴァ書房, 2001)

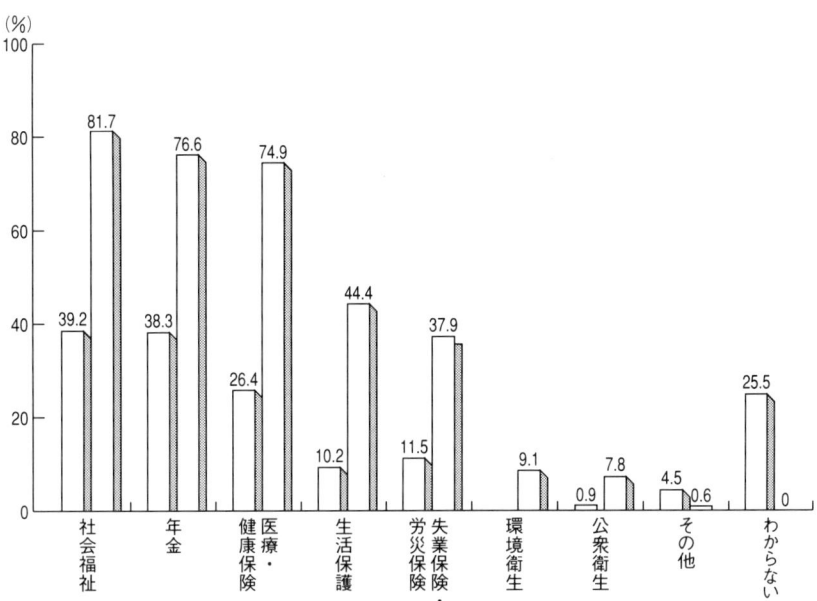

(注) 両者とも20代から50代までの人を対象にしたもの

図1-9 「社会保障制度」という言葉から思い浮かべる分野
(総理府『社会保障の費用負担に関する世論調査』〈1977年11月調査〉及び『1999年1月社会保障制度に関する調査』による)

第2節 社会福祉の基本的な考え方

ない」と定めている。つまり，国民が健康で文化的な最低限度の生活を営むために，国は社会福祉，社会保障，公衆衛生の諸制度すなわち社会方策によって，生活を保障していくことである。

2．制度としての社会福祉の範囲

わが国の制度としての社会福祉とは，政策体系における社会保障制度全体を示す。しかし，社会福祉制度のとらえ方や具体的なサービスの範囲については，国によって異なるし，また社会の発展により変わっていくものである（図1-9）。現在のわが国における社会保障制度は，次の4つの柱から成り立っている。

①所得保障：生活保護，年金，手当によって人間らしく暮らすに値する生計費を保障する。
②医療保障：保険，公費負担による医療給付で，健康の維持・回復や病気の予防や治療を保障する。
③公衆衛生および医療：生活環境対策，学校保健，その他の医療，保健等。
④社会福祉サービス：児童，身体障害者，知的障害者，高齢者，精神障害者，ひとり親家庭などに対する福祉。

さらに関連する制度としては，住宅対策や雇用対策がある。本来ならば，住まいやそれを取り巻く環境は生活に密接であるし，雇用は生活をしていくうえで前提になることなので，社会福祉の制度の範囲としてとらえていく重要性があろう。1980年代以降，在宅福祉に重点をおいた社会福祉政策を展開するなかで，「在宅」の"宅"は「住宅」の"宅"であり，社会福祉と住宅

図1-10 住居は福祉の基礎

(早川和男『居住福祉』岩波新書，1997)

問題との関連性が明らかになり，さらに「居住福祉」という言葉もできた（図1-10）。また，雇用については，20世紀では労働省の管轄であったが，21世紀になり厚生省と労働省が一つになることで，社会福祉の対策と雇用対策が密接になってくるといえよう。

高齢社会のなかで，高齢者が健康で生きがいをもって社会参加ができるよう，2000年度から「今後5か年間の高齢者保健福祉施策の方向」（ゴールドプラン21）が進められている（図1-11）。

3．社会福祉をつくる

社会福祉を理解するうえできわめて重要なことは，制度になっているものを社会福祉として理解するのでは不十分である。それは，現在制度として位置づけられているもののなかには，以前は制度として確立されてないものがある。

たとえば，知的障害者福祉法は，知的障害の子どものいる親たちが10年もの歳月をかけて，国に働きかけをして福祉の法律として実現したものである。それは同じ障害者であっても身体障害の場合は，1949年に福祉の法律ができているのにもかかわらず，なぜ知的な障害者に関する福祉の法律はないのかという思いが制度にしていったのである。ホームヘルプ事業は，長野県上田市で家庭養護婦派遣事業を始めたことがきっかけで，長野県の近隣市町村や名古屋市，大阪市，東京都というように各地にひろがり，国の制度となった。

こうしてみると，現在でも制度にならないもののなかでも，社会福祉活動が繰り広げられているので，そういったものも社会福祉としてとらえる視野をもつことが必要である。そして，このような社会福祉活動が制度化されるような働きかけ，すなわち運動を忘れてはならない。

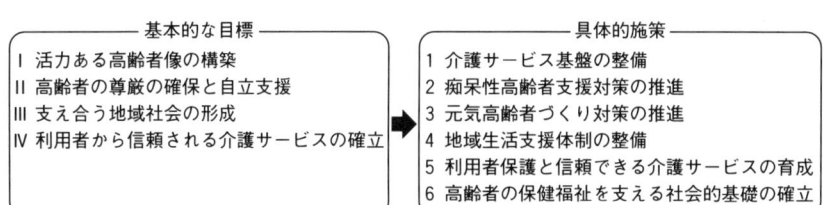

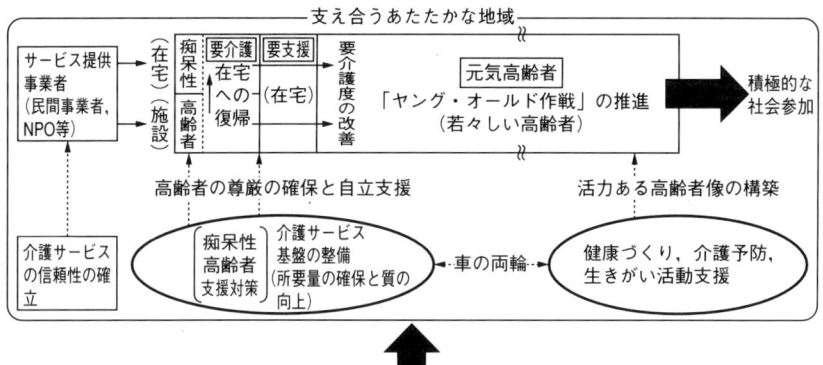

図1-11　ゴールドプラン21の施策の概要図

(厚生労働省による資料より)

第2節　社会福祉の基本的な考え方

第3節
地域福祉の重要性

1．地縁・血縁のある地域社会の崩壊

　戦前までの日本では，地縁や血縁を中心にした地域社会が形成されていたが，それは次の3つの特色をもっていた。

　その1つは，当時の主要産業である第1次産業の農業・林業・漁業が，共同労働や相互扶助により成り立ち，生産と労働が生活の場ともなっていた。このように地域社会は，日常生活や労働を共同で行い，相互扶助の機能を果たしていた。そのために，血縁・地縁が特に重要な意味をもっていた。

　2つは，戦前の日本は天皇制を中心とした国家体制であり，また明治民法による「家」制度が基本であった。「家」では家父長を頂点とし「戸籍」によって家族成員を掌握する義務が負わされ，血縁が重視された。

　3つは，行政町村を単位とした地縁中心の地域社会にするために，広大な土地所有をもつ地主に行政権力を持たせた。地主は呉服屋，酒屋などの商売を営みながら，地域社会の政治と経済の権力を握った。

　このようにして地域社会の地縁を強化しつつ，他方では相互扶助や相互監視の役割を担わせる町内会・「部落」組織が形成された。天皇を国家の頂点としつつ，中央の考え方を地方行政や地域社会へ，つまりは国民の末端にまで行き渡らせる仕組みが形成されていたのである。

　第二次世界大戦後，戦前の血縁・地縁を中心とした地域社会は次第に崩壊し，それにつれて家族類型も変化する（図1-12，図1-14）。

　その要因としては，1つには，高度経済成長がもたらした産業構造の変化

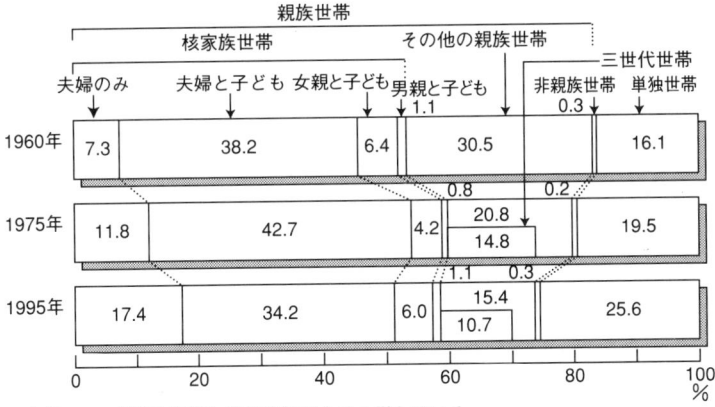

＊夫婦のみの核家族世帯と単独世帯が大きく増えている。

図1-12　一般世帯の家族類型別構成割合

（総理府『女性の現状と施策』1995；総務庁『国勢調査』1995）

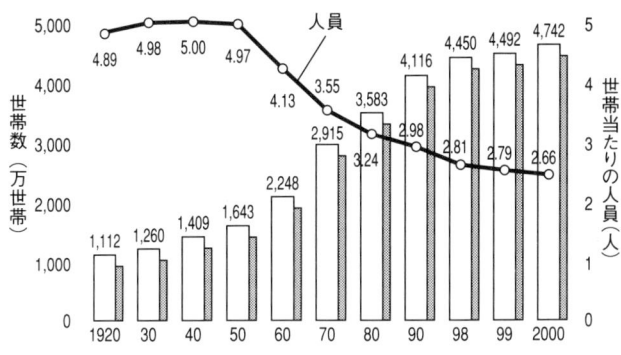

（注）世帯は1975年まではふつう世帯，1980年以降は一般世帯をあらわす。ふつう世帯は，生計と居住をともにする人の集団，または，一戸をかまえて住んでいる単身者をいう。一般世帯は，ふつう世帯に，間借り，下宿，独身寮などの単身者を加えたものをいう。

＊1920年より世帯数は約4倍に増え，世帯人員は約2分の1に減少した。

図1-13　世帯数・世帯人員の移り変わり

（自治省『住民基本台帳人口要覧』平成12年版）

第3節　地域福祉の重要性

により，第1次産業が衰退過程をたどったことである。第2次・第3次産業の比重が高まることで賃金労働者が増大し，個人の所得も上昇することとなった（図1-15）。そのため，従来の生産や労働と日常生活を結びつける共同性や相互扶助の必要性はなくなる。また，人口の都市への移動により，過疎・過密の地域問題が発生してくる。過疎地域では人口の流出により，従来のような血縁や地縁の維持が不可能な状況が生じる。一方，人口の過密な地域社会が大都市を中心に形成される（表1-2）。ここでは，賃金労働者が地域社会を選ぶ際の動機はさまざまに異なるので，従来のような血縁や地縁を重視した地域社会を形成することはできなくなる。

　2つには，戦後の国家体制が，天皇中心の国家体制から象徴天皇制へと変化したことである。戦前は天皇を頂点とする中央政府の考えを上意下達していくために，地域社会の末端組織まで強化する必要があった。したがって，地域社会に地縁を形成することが重要になり，地域社会の権力者が町内会組織などをつくった。その基盤をつくったのは，明治民法による「家」制度であった。しかし，戦後，「家」制度は法律のうえでは廃止され，血縁関係は希薄化していく。

　このようにして，戦後の日本では，血縁・地縁による地域社会が崩壊していった。その一方で，新たな理念や価値観にもとづく地域社会の構築が必要とされてきた。地域社会に共同性や相互扶助の必要性がなくなったかといえば，そうではない。新しい理念や枠組みにもとづいて，地域社会の相互扶助理念を構築していく必要がある。そして，その重要な柱になってきたのが，地域福祉である（図1-13）。

　たとえば，住民の共通する生活問題に対して，地域社会ではどのように解決を図っていくのであろうか。多摩ニュータウンでは，高齢化が進むなかで駅まで坂道を歩かなくてはならないために，買い物へ行くことができなくなったり，ひとり暮らし世帯が多くなり安否確認を必要とするなどの生活問

表1-2　都道府県別人口と前回比増減率

	人口 (千人)	増減率 (％)
全　国	126,919	1.1
北 海 道	5,683	▲0.2
青 森 県	1,476	▲0.4
岩 手 県	1,416	▲0.2
宮 城 県	2,365	1.6
秋 田 県	1,189	▲2.0
山 形 県	1,244	▲1.0
福 島 県	2,127	▲0.3
茨 城 県	2,985	1.0
栃 木 県	2,005	1.0
群 馬 県	2,025	1.1
埼 玉 県	6,938	2.6
千 葉 県	5,926	2.2
東 京 都	12,059	2.4
神奈川県	8,490	3.0
新 潟 県	2,476	▲0.5
富 山 県	1,121	▲0.2
石 川 県	1,181	0.1
福 井 県	829	0.2
山 梨 県	888	0.7
長 野 県	2,214	0.9
岐 阜 県	2,108	0.4
静 岡 県	3,767	0.8
愛 知 県	7,043	2.5
三 重 県	1,857	0.9
滋 賀 県	1,343	4.3
京 都 府	2,644	0.6
大 阪 府	8,805	0.1
兵 庫 県	5,551	2.8
奈 良 県	1,443	0.8
和歌山県	1,070	▲1.0
鳥 取 県	613	▲0.3
島 根 県	761	▲1.3
岡 山 県	1,951	▲0.0
広 島 県	2,879	▲0.1
山 口 県	1,528	▲1.8
徳 島 県	824	▲1.0
香 川 県	1,023	▲0.4
愛 媛 県	1,493	▲0.9
高 知 県	814	▲0.3
福 岡 県	5,016	1.7
佐 賀 県	877	▲0.9
長 崎 県	1,517	▲1.8
熊 本 県	1,859	▲0.0
大 分 県	1,221	▲0.8
宮 崎 県	1,170	▲0.5
鹿児島県	1,786	▲0.4
沖 縄 県	1,318	3.5

(注)前回調査は95年。小数点第2位以下は四捨五入，▲はマイナス

(財家族計画国際協力財団『世界と人口』2001年2月号)

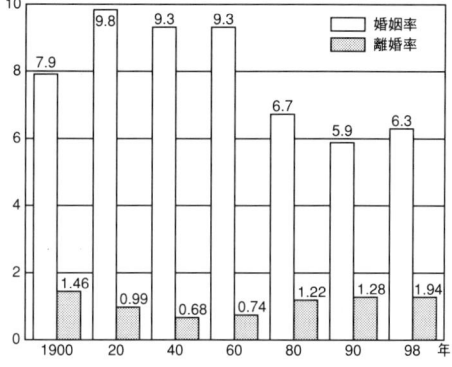

＊離婚率は1940年以降，上昇する傾向にある。

図1-14　婚姻率と離婚率
(厚生省『人口動態統計』，1999)

第3節　地域福祉の重要性

題が新たに生まれてきた。そのようなニーズに対して，自治会組織が地域住民に呼びかけながら，高齢者世帯の買い物を援助したり，安否確認をどのようにしていったらよいのかという検討を始めている。

2．ノーマライゼーションを地域社会に実現する

　ノーマライゼーションは，1950年代以降，北欧において知的障害の子どもたちをもつ親たちの運動から生まれたものである。それは，障害のある者が，障害のない者と同じように，地域社会で生活したり，家族と一緒に暮らしたり，学校に行ったり，職業に就いたりなど，ごくあたり前の生活をするのを当然のこととして受け入れ，実現できる社会にする運動である。

　従来，社会福祉施設は「人里離れたところに」「大規模な施設を建設」し，社会福祉のサービスを必要とする者はこの施設に入所して，そのサービスを受けるという考え方が主流であった。しかし，1981年の国際障害者年を契機として（表1-3），わが国にもノーマライゼーションの思想が紹介され，1980年代以降の社会福祉政策に位置づけられていくなかで，地域福祉や在宅福祉を中心にした政策へ転換されてきている。

　また，社会福祉施設の建設にあたっても，立地場所や入所定員の規模などにも徐々に変化が見られるようになった。たとえば，東京都内の特別養護老人ホーム建設にあたり，それまでは郊外につくられていたものが1980年代以降，23区内に建設されるようになった。さらに，障害者の作業所についても小規模な作業所が地域のなかにつくられるようになっている。

　これまでは，社会福祉のサービスは，サービスを受ける人を施設に隔離するという考え方が中心であったが，ノーマライゼーションの考え方が浸透するにつれて，施設福祉と在宅福祉を対立的にとらえるのではなく，地域福祉や在宅福祉を推進するために，施設もその地域社会の資源のひとつとして位

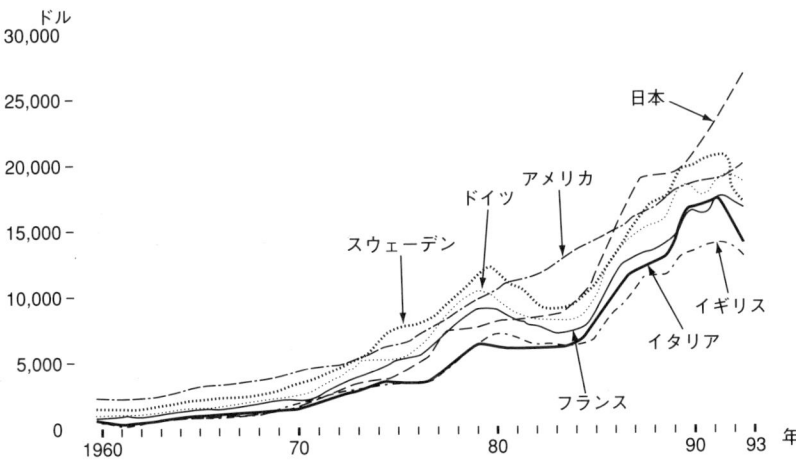

（注）ドイツについては1990年まで旧西ドイツ地域の数値。
＊日本は1970年代までは，ゆるやかな伸びを見せていたが，1980年代のバブル期に入ると，急激に所得が高くなっていった。

図1-15　主要国に見る一人当たりの国民所得の推移

(経済企画庁『国民生活白書』，1995)

表1-3　国連で採択されたおもな条約と国際年

1948年	世界人権宣言「人間の尊厳と価値，基本的人権，男女の同権を承認することは，世界の自由，正義，平和の基礎である」
1975年	国際女性年
1976～1985年	国連・女性の10年
1979年	女性差別撤廃条約
1981年	国際障害者年
1982年	障害者に関する世界行動計画
1983～1992年	国連・障害者の10年
1987年	国際居住年
1989年	子どもの権利条約
1990年	国際識字年
1994年	国際家族年
1995年	国際寛容年
1995～2004年	国連・人権教育のための10年
1996年	国際貧困根絶年
1997～2006年	国連・貧困根絶のための10年
1999年	国際高齢者年
2000年	国際平和の文化年
2001年	国際ボランティア年

第3節　地域福祉の重要性

置づけることが求められるようになってきた。そのような意味で，ノーマライゼーションの実現にとって地域福祉が重要になってきたといえる。

研究課題
- 母や祖母のライフサイクルを調べ，図にしてみましょう。
 また，現代社会における女性の役割の変化について話し合いましょう。
- あなたは，将来訪れる高齢期をどのように生活したいですか。また，どのような福祉サービスがあればいいと思いますか。
- 高齢者の自立支援はなぜ必要なのでしょうか。具体的に例をあげて，考えてみましょう。
- ノーマライゼーションとは具体的にどのようなことか，話し合いましょう。

さらに学びを深めるために
書籍
- 一番ヶ瀬康子編『21世紀社会福祉学』有斐閣，1995
- 一番ヶ瀬康子他編『生活福祉論』(講座生活学7巻) 光生館，1994
- 片居木英人『社会福祉における人権と法』一橋出版，1996
- 古林詩瑞香『生活福祉への助走』ドメス出版，1996

ビデオ
- 「家族」山田洋次監督，松竹
- 「街に暮らす――スウェーデンの知的障害者福祉実践」日本財団

┌─コラム─────────────────────────────────┐

人間の尊厳と平等について考える

　アメリカのロスアンゼルスにある盲児の施設を訪問したことがあります。そこで私が驚かされましたことの一つは施設ではありませんでしたが，その施設に4,000名ボランティアがいることでした。ボランティアとしてリストアップされている人が4,000名というのは，ひと桁違うのではないかと確かめましたが，やはり4,000名でありました。

　もう一つ感銘を受けましたことは，その施設に入りましたら，正面の壁に1枚の写真が掲げてありました。

　目の見えない，視覚のない白人と黒人の子供が肩を抱き合ってニッコリ笑っている写真で，大変可愛らしい2人の子供の写真でした。しかしその写真の下に1行の言葉が書いてありました。「ザ　ブラインド　イズ　オルソ　カラー　ブラインド」。私はそれを読んだ時，はっとさせられました。「盲人は色に対しても盲目である」の意味です。文字通り解釈すれば当り前の話しであります。先天性の盲ならば色の判別が出来ません。

　ところがアメリカで「カラー」と申しますと，色が黄色とか赤とかいう原色の色でなくアメリカ社会だけに通用する言葉でありますがそれは「皮膚の色」をさします。皮膚の色が白いか，黄色いか，黒いか，中でも黒い皮膚を持っている人を「カラーのついた人間」（カラード）と申します。

　この写真が意味していますものは，盲人は色の判別が出来ないから相手が白いか，黒いかは問題にならない。だから目が悪い故に，人格の深みに立ち入ることができる。

　目が見える我々は，目が見えるが故に，相手が黒いか白いかだけが気になってそこから一歩も中に入ることが出来ない。

　白いか黒いかという皮膚の色によって人間を評価することは偏見であります。偏見が相手の人の真実に触れることを妨げるのです。

　私はそのことを思いまして，この写真に感銘を受けました。肉眼の見えない人の心の目は開かれている。聖書にそのことが書いてあります。目の見えるあなたが「見える」と言い張る，そこにあなたがたの罪があると。目の見えないものには罪がないと書いてあります。私共は肉眼が見えるが故に心の目が閉ざされているといえるのではないか。

　肉眼は見えないが心眼が開かれている人間と，肉眼は見えるけれども心眼が閉ざされている人間が出会う場が，コミュニティーであります。

　ハンディキャップをもっている人間とハンディキャップをもたない人間とが，出会うことによって相互に心の眼を開かれ自己変革を起こす。人格と人格との触れ合いは，必ず変革を相互に伴います。

　そこで共に生き，共に育つことが，福祉の原点でなければならないと考えるわけです。

　目の見えるもの，目の見えないもの，力の強いもの，力の弱いもの，ハンディキャップをもっている者，もたない者が触れ合うことによって，共に生きるということが福祉の目標でもあります。

（阿部志郎講演集『地域福祉の思想』全国心身障害児福祉財団）

└──────────────────────────────────┘

第2章

社会福祉のあゆみ

　昔からの歴史のなかで，人々は福祉を求め，助けあったり支えあって生きてきました。
　そのリーダーであった代表的な人々を理解しましょう。
　また，その頃の生活と助け合いの仕組み，制度についても，現在との共通点および違いを考えましょう。
　そして，福祉および社会福祉の歴史的展開を，日本ならびに先進諸外国の歴史を中心に学びましょう。

第1節
社会福祉のあゆみ──日本編

1．前近代社会と慈善・救済

1）古代社会と慈善・救済
(1) 歴史と貧困問題
　貧困の問題は，古代から現在にいたるまで，私たちの生活のなかで幸福を脅かすものととらえられてきた。特に古代から近世にいたる時代では，貧困に対する対策は慈善・救済と呼ばれる活動としてとらえることができる。
　この慈善とは，他人の困窮している状態を見て，あわれみいつくしむ気持ちから出た行為や仕事を意味するものであり，困窮についての「社会的」な意味や原因は少しも問われなかった。

(2) 自然災害と備荒制度
　古代社会では，自然環境に依存する生活であったため，不安や危険も多く自然の脅威に対する闘いが日常生活そのものであった。こうした，天変地異などの自然災害の救助手段として，天皇の慈恵として，米や塩を支給する「賑給(しんごう)」が行われた。また，義倉や常平倉(注1)と呼ばれる備荒制度が設けられ，凶作のときの農民の救済に役立てられた。

(3) 貧困者救済と戸令
　古代社会では，貧困にあえぐ農民（表2-1）に対して，718（養老2）年に律令政府が「戸令」という公的救済制度を制定した。しかし，「戸令」にはさまざまの制約があり，この法律で救済される者は「鰥寡孤独老疾(かんかこどく)」(注2)に該当し，なおかつ親族や地域社会での助け合いが期待できないごくわずか

表2-1 貧窮問答歌　山上憶良

天土は　広しといへど　吾が為は　狭くやなりぬる　日月は　明しといへど　吾が為は　照りや給はぬ　人皆か　吾のみや然る　わくらばに①　人とはあるを　人並に吾も作るを　綿も無き　布肩衣の　海松の如③　わわけさがれる　襤褸のみ⑤　肩にうち懸け　伏廬の⑥　曲廬の内に⑦　直土に⑧　藁解き敷きて　父母は　枕の方に　妻子どもは　足の方に　囲み居て　憂ひ吟ひ　竈には　火気ふき立てず⑩　甑には⑪　蜘蛛の巣懸きて　飯炊ぐ⑫　事も忘れて　鵺鳥の⑬　呻吟ひ居るに⑭　いとのきて　短き物を　端截ると　云へるが如く⑮　楚取る⑯　里長が声は　寝屋戸まで　来立ち呼ばひぬ　斯くばかり　術なきものか　世の中の道世間を　憂しとやさしと　思へども　飛びたちかねつ　鳥にしあらねば

（万葉集）

①たまたま。②耕作している。「なれる」と読み、普通の人なみに五体満足なのに、という意にとる説もある。③海草の一種。④やぶられてぶらさがった。⑤ぼろ。⑥つぶれたような家。⑦曲がって倒れかけた家。⑧土に直接に。⑨なげきうめいて。⑩湯気。⑪米をふかす道具。⑫トラツグミ。悲しげに鳴く鳥。⑬力のない声をだして。⑭特別に。⑮しもと。⑯むち。⑰つらいと思う。⑰身が細るように思う。

＊山上憶良の「貧窮問答歌」には、その当時の農民の貧しい生活状態とその苦しみがよく描かれている。

注1）義倉　　古代及び近世社会に、災害に備えるために設置された穀物の貯蔵倉で、富裕な者からの寄付または徴収により運営された。

　　　常平倉　奈良時代に設けられた。穀物の価格の下落時に穀物を購入し、穀物が上昇時に放出して、それによって得た利益で凶作に備えるための穀物を貯蔵した。

（宇都栄子「社会福祉のあゆみ(1)」『社会福祉セミナー2001』4月〜7月）

注2）戸令の救済対象者
　　　鰥　　61歳以上で妻のいない者
　　　寡　　50歳以上で夫のいない者
　　　孤　　16歳以下で父をなくした者
　　　独　　老いて子のない者
　　　老疾　障害のある者、難病の者

（宇都栄子「社会福祉のあゆみ(1)」『社会福祉セミナー2001』4月〜7月）

の限られた者だけだった。これを「親族相救」といい，当時の常識だった。

(4) 聖徳太子・行基と民間慈善救済

貧困に対する国家責任が欠落していた古代社会では，それを補う形での民間の慈善救済活動が仏教を中心に活発となった。

特に聖徳太子（図2-1）の「四箇院」（悲田院，敬田院，施薬院，療病院)(注3)は仏教的慈善に基づき，貧窮者，孤児，病人などの収容と施療を目的として建てられた代表的な救済機関である。

また，行基（図2-2）は僧侶として，諸国を巡りながら各地に橋や堤防を築き，布施屋の設置にも努めた。この布施屋は現在の救護施設にあたる役割を果たすものであった。

このように，奈良時代の仏教は広く人々を救おうとする慈悲の精神を特色としており，仏教が民間に浸透していくきっかけとなった。

平安時代に入ると，仏教は最澄や空海によって，「仏の教えの前においては，人はすべて平等である」という考え方が広まり，次の鎌倉新仏教に大きな影響を与えることとなった。

2) 中世封建社会と慈善・救済

(1) 村落共同体「惣」の役割と農民の団結

中世封建社会になると，農民は，弱体化した荘園領主に対して，「惣」という村落共同体の相互扶助組織を形成して対抗するようになった。彼らは自らが守るべき惣掟を定めて，自律的，自治的な村の運営を行ったのである（表2-2）。やがて，農民たちは，支配を手中に治めた武士とも対立することとなった。そこでも彼らは「惣」を中心として，武器を持って蜂起するようになった。これを農民の土一揆という。領国を支配する大名は土一揆を鎮めるため，徳政令を出して農民たちの救済を行わなければならなかった。

このように，中世封建社会の農民の特徴は，地縁的結合を深めることで貧

図2-1 聖徳太子画像
　　　御物

推古天皇の摂政。冠位十二階，十七条憲法を制定したり，小野妹子を隋へ遣わして，中国の制度や文化を取り入れた。四天王寺や法隆寺を建立，仏教の興隆に尽くした。
(一番ヶ瀬・花田編『日本の福祉5』日本図書センター，1999)

図2-2 行基像
(同左)

注3）四天王寺の四箇院
　　悲田院　幼老の貧窮孤独者の収容救助機関
　　敬田院　悟りを得るための修行所
　　施薬院　薬草の栽培と施与を任務とする
　　療病院　無縁病者の施療機関

(宇都栄子「社会福祉のあゆみ⑴」『社会福祉セミナー2001』4月～7月)

表2-2　惣の掟

　　　条々の事
一、寄合②定①ふれ、二度に出でざる人は、五十文の咎たるべきものなり、
一、③森林木なへ（苗）切木は五百文宛の咎たるべきものなり、
一、木葉併（ならび）にくわの木は、百文宛の咎たるべきものなり、
一、切初かきは、一つたるべきものなり、
衆議により定むる所の件（くだん）の如し、文安五年十一月十四日にこれを始む。
　　（日吉（ひえ）神社文書）

①近江今堀惣の掟。今堀村は中世近江商人の村。②惣の寄合への出席義務の規定。③森林・苗木をみだりに伐採することの禁止規定。④草木は採取して、焼いて肥灰とし、刈草は土壌中に敷き込む刈敷のもとになる。⑤西暦一四四八年。

＊惣の活動には、入会地・灌漑・治水・用水配分祭礼などの決定と管理などがあった。

第1節　社会福祉のあゆみ——日本編

困問題を自主的に解決する方法を村を中心に生み出したことにある。

(2) 鎌倉新仏教とキリスト教の伝来

中世は，打ち続く戦乱と地方政治の荒廃による社会不安により，混乱と苦悩に満ちた時代だった。

こうした政情不安のなかで，人々のあいだには，宗教によって現実生活の苦しさから救われたいという欲求が生まれた。特に，末法思想の流布により，広く庶民にまでわかりやすく仏教の精神を説き，彼らの不安に応えようとする高僧が現れ，仏教が盛んになった。そのなかで，親鸞，法然，一遍らは鎌倉新仏教の代表的人物である（図2-3）。

また，戦国時代にはキリスト教が伝来し，イエズス会の伝道が始まった。キリシタンたちは，布教とともに救貧，施療，孤児・寡婦の保護をはじめ，戦乱や迫害のなかで，難民救済，奴隷解放，共済活動などの慈善事業も活発に行った。その執行機関として，「ミゼルコルディア」と呼ばれる慈善の組が，長崎などの地方教会の信者によって組織された。

また，ポルトガル商人のルイス・アルメイダは，私財を投じて1555（弘治3）年，豊後（大分県）府内に育児院を開設した（図2-4）。こうしたキリシタンによる慈善活動は世間から注目され，キリスト教の布教に大いに役立った。

3）近世封建社会と慈善・救済

(1) 農民の窮乏と5人組制度

江戸時代になると，幕府や諸藩は，農民の負担する年貢や労役を幕藩体制を支える経済基盤としていた。

そのため，幕府の租税負担の過重政策により，多くの農民は著しく貧窮した。貧しい農民のなかには，土地を手放して日雇いや年季奉公に出たり，離村して都市（城下町）に流入する者も増えた。こうした農村の荒廃と都市へ

図2-3 一遍上人
時宗をおこし，全国を遊行して「南無阿弥陀仏　決定往生六十万人」と書いた札で念仏を勧めた。
(一番ヶ瀬・花田編『日本の福祉5』日本図書センター，1999)

図2-4 子どもを慈しむアルメイダのレリーフ
(山口昌男監修『教育・福祉人物事典』日本図書センター，2000)

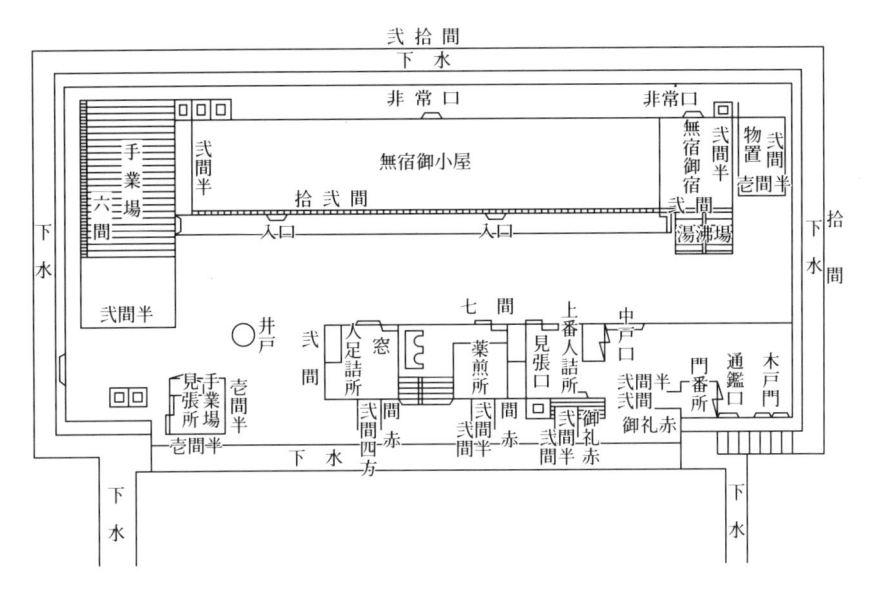

図2-5　加役方人足寄場の見取図（無宿御小屋絵図［市中取締類集］）
(遠藤興一『資料でつづる社会福祉のあゆみ』不昧堂出版，1992)

第1節　社会福祉のあゆみ──日本編

の人口流出を防ぐために，農民相互扶助組織である「5人組制度」が整備された。

(2) 都市における貧民の救済政策

一方，都市部（城下町）に流入してきた農民の多くは，適当な職業につけず，零細職人や無頼の徒，浮浪者などになるほかなかった。そこで，こうした貧民の救済活動が行われることとなった。代表的な救済活動には，老中松平定信の寛政の改革がある。定信は江戸の治安維持のために，「人足寄場」をつくったり（図2-5），窮民救済と低利の資金融通を目的として，「七分積金制度」(注4)を制定した。

2．近代社会と社会事業前史（表2-3）

1）慈善救済事業から感化救済事業へ

(1) 明治維新と新たな貧困層の形成

明治維新は，近代国家の幕開けであった。政府は財政基盤を固めるためにまず第一に農地改革と地租改正に取り組み，その結果近代的な租税の形式が整った。しかし，米価等の物価の下落が続き，自作農は没落し，土地を手放す者が多くなった。大地主への土地の集中が進む一方で，土地を失った農民の多くは賃金労働者として都市へ流れ込み，彼らの多くは下層労働者となってスラムを形成することとなった。

(2) 養育院の創設

養育院が創設されたのは，浮浪者が増加して都市のスラム化が問題となってきた1872（明治5）年のことである（図2-6）。

当時，養育院の財源は，江戸時代の七分積金制度の残金の一部と東京府の支出でまかなわれていた。しかし，1879（明治12）年に「公費での貧民の救済はかえって惰民をつくることになり，公費の無駄使いである」という東京

注4) 七分積金制度
　　江戸の町入用費を倹約した金額の七分を窮民救済と低利金融のため積み立てる制度。

（宇都栄子「社会福祉のあゆみ(1)」『社会福祉セミナー2001』4月～7月）

表2-3　戦前の日本社会事業のあゆみ(1)

	（明治）	
1872	5	東京府養育院設立
1874	7	恤救規則制定
		岩永マキ，浦上養育院設立
1887	20	石井十次，岡山孤児院開設
1894	27	日清戦争始まる
1895	28	ミス・ソーソトン，聖ヒルダ養老院開設
1896	29	石井亮一，孤女学院を滝乃川学園と改称
1897	30	片山潜，キングスレー館開設
1899	32	留岡幸助，家庭学校設立
1904	37	日露戦争始まる
1908	41	感化法改正
		中央慈善協会設立

図2-6　養育院で里扶持を受け取る里親

（一番ヶ瀬康子『新・社会福祉とは何か』ミネルヴァ書房，2001）

府会の反対により，東京府の基金は打ち切られた。再び運営が再開するのは1889（明治22）年で，東京市営の養育院となった。

(3) 恤救規則の成立

貧困者に対する公的救済制度として，1874（明治7）年に「恤救規則」が制定された（表2-4）。この制度は1931（昭和6）年にいたるまでの60年近くの間，続くことになる。

内容としては，「済貧恤救」は「人民相互の情誼（同情心）」によって互いに救済の手を差しのべるべきであって，現在どうしても放置しておくことのできない「無告の窮民」（誰の手助けも期待できない困窮者）だけは，やむをえず公費で救済することにしたというものである。つまり，国家自体には生活困窮者を救う「公的扶助義務」はなく，慈恵として行うというもので，あくまでも貧困者の救済は地縁・血縁を中心としたものだった。

(4) 民間慈善事業の誕生

公的社会事業が前近代の意識で行われていることが，かえって慈善家や篤志家と呼ばれる人々の活動を発展させる契機となった。その活動のなかで注目されるのは，石井十次による岡山孤児院，石井亮一の孤女学院（後の滝乃川学園）などがあげられる（図2-7，図2-8）。

(5) 天皇と感化救済事業

日清・日露戦争は，戦中・戦後を通して，国民の税金が莫大な軍事費に費やされ，増税は戦後も続き，そのうえ戦後の好景気も短期間で終わり，国民に多大なる経済的負担を強いることとなり社会的矛盾は深刻となった。

また，それまでの民間慈善事業に対しても，その私的救済のもつ限界を意識するようになっていた政府は，天皇を頂点とした国家家族観の復活を目指す感化救済事業を推し進めることで，財政難と民間社会事業の行き詰まりを打破しようとした。

表2-4　恤救規則（明治7年12月8日太政官達第162号）

済貧恤救ハ人民相互ノ情誼ニ因テ基方法ヲ設クヘキ筈ニ候得共目下難差置無告ノ窮民ハ自今各地ノ遠近ニヨリ五十日以内ノ分左ノ規則ニ照シ取計置委曲内務省へ可伺出此旨相達候事

恤救規則

一　極貧ノ者独身ニテ廃疾ニ罹リ産業ヲ営ム能ハサル者ニハ一ケ年米壱石八斗ノ積ヲ以テ給与スヘシ

但独身ニ非スト雖モ余ノ家人七十年以上十五年以下ニテ其身廃疾ニ罹リ窮迫ノ者ハ本文ニ準シ給与スヘシ

一　同独身ニテ七十年以上ノ者重病或ハ老衰シテ産業ヲ営ム能ハサル者ニハ一ケ年米壱石八斗ノ積ヲ以テ給与スヘシ

但独身ニ非スト雖モ余ノ家人七十年以上十五年以下ニテ其身重病或ハ老衰シテ窮迫ノ者ハ本文ニ準シ給与スヘシ

一　同独身ニテ疾病ニ罹リ産業ヲ営ム能ハサル者ニハ一日米男ハ三合女ハ二合ノ割ヲ以テ給与スヘシ

但独身ニ非スト雖モ余ノ家人七十年以上十五年以下ニテ其身病ニ罹リ窮迫ノ者ハ本文ニ準シ給与スヘシ

一　同独身ニテ十三年以下ノ者ニハ一ケ年米七斗ノ積ヲ以テ給与スヘシ

但独身ニ非スト雖モ余ノ家人七十年以上十五年以下ニテ其身窮迫ノ者ハ本文ニ準シ給与スヘシ

一　救助米ハ該地前月ノ下米相場ヲ以テ石代下ケ渡スヘキ事

（前文の意味）　貧困者をあわれみ救済することは，人びとの間のお互いの同情心によっておこなうのが建前であるが，現在放置するわけにはいかない頼り手のない困窮者だけは，今後各地の遠近に応じて50日以内の分を左の規則に照らして取りあえず処理し，詳細は内務省に照会するよう通知する。

　規則本文中の「積」は，見つもり，計算の意。1石は10斗。1斗は約18リットル。「廃疾」は重度の障害。「下米相場」は下等米の時価のこと。

3．社会事業の成立と展開（表2-5）

1）大正デモクラシーと社会事業
(1) 第一次世界大戦と米騒動
　第一次世界大戦で漁夫の利を得たわが国は，急速に高度化を遂げることとなった。しかし，未曾有の好景気はかえって物価を高騰させ，一般市民の生活は苦しくなった。

　特に生活必需品である米の価格が暴騰し，富山県の漁民の主婦300人が，「こんなに米が高くなっては，飢え死にするしかない，いったいどうしてくれるのだ」と口ぐちに叫びながら米屋を襲った。それがきっかけとなって騒ぎが全国に波及し，政府は軍隊まで出してやっと鎮圧した。これが米騒動（1918年）である（図2-9）。

　この全国的な暴動に参加した人々の多くは，公的救済を必要とする貧困層ではなく，生活苦に追いつめられた民衆だった。つまり，もはや貧困問題は個人的原因ではなく社会的原因であることが明らかとなったわけである。

(2) 防貧対策と労働争議
　第一次世界大戦後の社会問題の深刻化は，労働運動を活発化させることとなった。1920（大正9）年5月には，日本で初めてのメーデーが，東京上野公園で行われ，その翌年には，各地で労働争議の嵐が吹き荒れることとなった。特に友愛会の賀川豊彦が指導した，神戸の川崎，三菱両造船所のストライキは，参加人員3万人余，日数が45日という空前の大争議となった。

(3) 方面委員制度の成立
　米騒動を契機として，それまでの救済制度の未熟さが露呈することとなった政府は，1918（大正7）年に救済事業調査会を設置した。そして，社会制度としての新しい救済の仕組みを検討し始めた。

図2-7　孤児でいっぱいになった岡山孤児院
(山口昌男監修『教育・福祉人物事典』日本図書センター，2000)

日本で初の本格的知的障害児施設となった設立当時の滝乃川学園の校舎。

教室での授業風景。

図2-8　滝乃川学園
(同上)

第1節　社会福祉のあゆみ——日本編

こうした社会情勢を背景として，大阪府の林市蔵知事のもと，嘱託の小河滋次郎（図2‐11, p.43）が中心となって「方面委員制度（現在の民生委員制度）」が1918（大正7）年に大阪府に設けられ，以後，全国に普及することとなった（表2‐6）。

また，国の行政機関の整備も進み，1917（大正6）年に内務省に救護課が生まれ，1919（大正8）年社会課と改められ，さらに翌年社会局に昇格することとなった。

(4) 社会事業と社会連帯思想

1920（大正9）年ごろから，社会事業という言葉が一般的に広く使用され始めた。たとえば，従来までの感化救済事業講習会が，社会事業講習会となり，中央慈善協会が，中央社会事業協会と改称されている。

こうした社会事業の成立には，その当時の社会連帯思想が大きな影響を与えていた。内務省の田子一民は，その著書「社会事業」で，社会連帯を強調し，社会全体の協力が社会の進歩や個人の幸福を増進することを論じている。

また，社会連帯思想のもとに社会事業の教育も一部の大学等で行われるようになり，生江孝之（図2‐10）は日本女子大学校，矢吹慶輝は宗教大学（現在の大正大学）でそれぞれの後進の指導にあたった。

2）社会事業から厚生事業へ

(1) 救護法の成立

1929（昭和4）年に始まる世界大恐慌は，世界の資本主義国の危機的状況を生み出し，わが国にも深刻な影響をもたらした。大量の失業者や貧困者がちまたにあふれ，政府はその対応を迫られることとなった。こうした社会状況のなかで，恤救規則に代わる新たな救貧制度である「救護法」が1929（昭和4）年に制定された（表2‐7）。これは，きわめて限定的ではあるが，公的扶助義務が国にあることを認めた最初の法律として評価できる。つまり，

図2-9　大阪の米騒動で群衆と対する在郷軍人
＊第一次世界大戦中の輸出の増加で，日本はかつてない好景気を迎え，めざましく発展した。しかし，物価も激しく上昇し，労働者や農民の生活は苦しくなり，米屋を襲う米騒動が全国に広まった。
（遠藤興一『史料でつづる社会福祉のあゆみ』不昧堂出版，1992）

図2-10　日本の社会事業成立の基礎を築いた生江孝之
（同左上）

表2-5　戦前の日本社会事業のあゆみ(2)

	（大正）	
1914	3	第一次世界大戦始まる
1918	7	米騒動
1920	9	内務省社会局設置
1923	12	関東大震災
	（昭和)	
1927	2	金融恐慌
1929	4	救護法制定
1932	7	救護法施行
1933	8	児童虐待防止法制定
1936	11	方面委員令制定
1937	12	母子保護法制定
1938	13	厚生省設置（内務省社会局廃止）
		社会事業法制定
		国家総動員法制定
1940	15	大政翼賛会発足
1941	16	太平洋戦争始まる
1945	20	終戦

第1節　社会福祉のあゆみ——日本編

国が制度として救済を認めなければならないほどに国民の貧困が増大し，社会不安が広がっていたのである。

(2) 太平洋戦争と戦時厚生事業

日本は不況打開策として，満州事変という大陸侵略に活路を見いだし，軍需産業を活発化させ景気を回復させた。これは軍事支配のファシズム体制の確立であり，その後日本は太平洋戦争への道をひた走ることとなった。長期化する戦争の影響は，国民生活にも暗い影をおとした。都会の子どもたちは，戦争の激化により，親元を離れ，いなかに疎開をしなければならなかった（表2-8）。また，食糧事情も悪化し，1941（昭和16）年からは配給制度が実施された（図2-12）。

4．戦後改革期と社会福祉の近代化（表2-10）

1）敗戦と戦後社会福祉の成立
(1) 公的扶助4原則と生活保護法の制定

1945（昭和20）年，ポツダム宣言を受諾した日本は，無条件降伏した。

敗戦直後の日本は「総スラム化」と称されるような状態で，国民は失業と飢餓の悲惨な現実に直面せざるをえなかった。

終戦直後の混乱のなかで，一般生活困窮者対策は日本政府がGHQから指令を受けた緊急の課題だった（図2-13，p.47）。基本的人権の尊重を第一と考えるGHQは，既存の法律は日本にとってふさわしいものではないと判断していた。そこで，GHQは非軍事化・民主化政策推進のために，新たな生活困窮者の援助法の作成を推進することとした。

GHQは，日本政府の手本となるべき社会救済の基本方針を公的扶助4原則「SCAPIN775」（1946年2月27日，Public Assistance）という形で，具

表2-6　年次別方面委員制度普及状況

年　次	1917	1918	1919	1920	1921	1922	1923	1924	1925	1926	1927	1928	1929	1930	1931
設置数	1	2	3	6	4	4	11	7	8	7	13	13	5	1	2

（全国社会福祉協議会『民生委員制度50年史』，1968）

図2-11　小河慈次郎と生活に困った人に相談を呼びかける方面委員ポスター
（山口昌男監修『教育・福祉人物事典』日本図書センター，2000）

表2-7　救護法の運用状況

年　度	救護実人員	救護率(1000対)	生活扶助人員	生活扶助の救護率
昭和7年	157,564(人)	2.4	139,686(人)	2.1
8	213,462	3.2	176,760	2.6
9	223,467	3.3	185,907	2.7
10	219,707	3.2	186,993	2.7
11	225,000	3.2	190,034	2.7
12	236,565	3.4	199,155	2.8

（遠藤興一『史料でつづる社会福祉のあゆみ』不昧堂出版，1992）

体的に日本政府に提示した（表2-9）。そして，この4原則にそって，わが国の公的扶助の計画を提出するよう命じた。

この原則に基づいて，1946（昭和21）年10月に「旧生活保護法」が制定された。これは，従来の救護法とは異なる近代的な制度として一応評価できるものであった。しかし，戦前の慈恵的性格を十分にぬぐいきれない面を残しており，早急に改正の必要性があった。

そこで，1950（昭和25）年に現行の生活保護法が制定された。主要な改正点としては，生活保護制度を憲法25条の生存権の理念に基づく制度であることを明らかにしている点である。そして，不服申し立て制度を法律上の制度とし，個々の要保護者について保護請求権を認めることとしたのである。

また，1946（昭和21）年に施行となった「民生委員令」により民生委員と名称変更した方面委員は，それまで生活保護法施行上の補助機関としての役割を担っていたが，公的扶助原則の一つである公私分離の立場から，その役割を協力機関へと変更することとなった。

2）戦後社会福祉の「自立」への道
(1) 児童福祉法と身体障害者福祉法

戦争で最大の被害を受けたのは児童だった。戦災孤児や，貧困により学校に行けない長期欠席児童，飢えから非行や犯罪を犯す児童など，さまざまな児童に関する社会問題が起こった（図2-14）。

こうした社会問題に対応するために，1947（昭和22）年に児童福祉法が制定された。そこには，「すべて児童は等しく，その生活を保障され，愛護されなければならない」と，民主主義の基本的人権の尊重が明記された。

また，戦争は身体に障害をもつ者を多数生み出した。具体的には，戦災障害者や傷痍軍人がこれに該当する。ただ，政府は傷痍軍人の保護・救済を行うことは，旧軍人・軍属に対する優先的保護になり，GHQの非軍事化，無

表2-8　疎開児童の手紙

◎お母さんも起きられるようになったら，お迎えに来てください。えいじは，ひろしを可愛がってやるのですよ。えいじは，早く大きくなって。お手紙くださいね。ひろしも，早く大きくなって，ちょうだいね。ひろしも泣いてはいけないよ。えいじは，つよくなって，ちょうだいね。

　　　　　　　　　　　　　　　　　　　　　　　　すみえ

◎東京は，爆弾で，こわいでしょう。まことちゃんは死んで，かわいそうですね。

◎今日の空襲はとてもひどかったわネ。東京はこわかったでしょう。やす子ちゃんは防空壕に入りましたか。お母さん早く来て下さい。おままごとをもってきて下さい。

　　　　　　　　　　　　　　　　　　　　　　　　幸子

(社会事業史研究会編『社会事業研究』第2号, 1974)

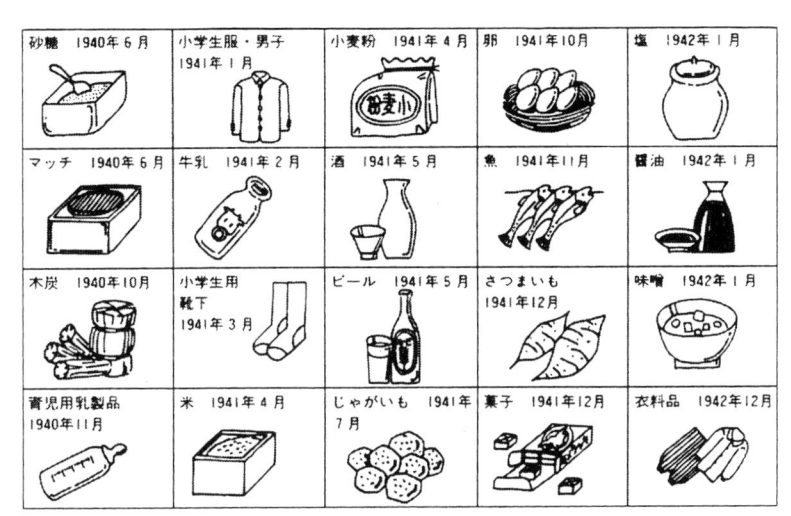

砂糖　1940年6月	小学生服・男子　1941年1月	小麦粉　1941年4月	卵　1941年10月	塩　1942年1月
マッチ　1940年6月	牛乳　1941年2月	酒　1941年5月	魚　1941年11月	醤油　1942年1月
木炭　1940年10月	小学生用靴下　1941年3月	ビール　1941年5月	さつまいも　1941年12月	味噌　1942年1月
育児用乳製品　1940年11月	米　1941年4月	じゃがいも　1941年7月	菓子　1941年12月	衣料品　1942年12月

配給制になると，政府の統制を受けて自由に商品が購入できない。

図2-12　配給制度の実施経過

(鈴木依子『社会福祉のあゆみ——日本編——』一橋出版, 2000)

差別平等に反することになるのではないかという懸念から，なかなかその救済に着手することができなかった。

　政府は当時大量に放置されていた傷痍軍人の早急の援助を迫られるなか，GHQの政策を尊重しながら，1949（昭和24）年12月「身体障害者福祉法」を制定した。この法律の本質は，賠償的，保護的，恩恵的な法律と異なり，身体障害者の自力更生を援助し，自立のために必要な援護を行うことをめざすものだった。

　この「身体障害者福祉法」の制定により，「生活保護法」「児童福祉法」とともに，敗戦から経済の高度成長期に入るまでの戦後復興期を福祉3法の時代と呼び，戦後社会福祉の近代化の推進がはかられることとなった。

(2)　**社会福祉事業法と1950年勧告**

　1951（昭和26）年に制定された社会福祉事業法は，「GHQの6項目提案」を受け入れる形で制定された。内容は，社会福祉の組織および運営管理にかかわる規定が主なものだった。その第5条には，民間社会福祉の自主性の尊重とそれに対する公的責任転嫁の禁止が規定され，社会福祉協議会の設置という形で公私分離の原則が具体化された。一方，行政側の組織としては，福祉に関する事務所が設置された。この福祉事務所に勤務する社会福祉主事は，わが国で初めての公的福祉労働者であり，彼らの積極的活動に対する期待が高まった。

　また，その前年には，その後1950年勧告として注目される社会保障制度審議会の「社会保障制度に関する勧告」が行われ，「救貧」から「防貧」へと，社会福祉の方向性が変更した時期でもあった。

　そして，1952（昭和27）年4月には，サンフランシスコ講和条約が発効し，約7年にわたるGHQによる日本占領は終了し，わが国は自主的路線を歩むこととなった（図2-15）。この占領期を通じて形成され，整備された福祉の戦後理念と行政のしくみは，日本の社会福祉の基本的骨格として今日

図2-13　マッカーサー元帥と会見を行った昭和天皇（1945年）

昭和天皇は，連合軍最高司令官のマッカーサー元帥を米国大使館に訪問された。ネクタイなしのマッカーサーと正装の天皇の歴史的会見。

(毎日新聞社提供)

表2-9　公的扶助の4原則

①差別的または優先的取り扱いをせず平等にすること（無差別平等）
②単一の政府機関の設立（国家責任）
③私的または準政府機関に委任することの禁止（公私分離）
④救済総額になんらかの制限を設けないこと（救済費非制限）

図2-14　靴みがきの戦災孤児（名古屋駅構内で）

(遠藤興一『史料でつづる社会福祉のあゆみ』不昧堂出版，1992)

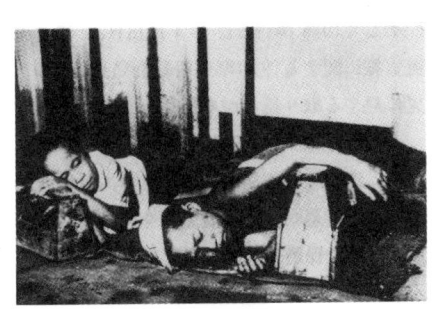

第1節　社会福祉のあゆみ——日本編

まで引き継がれることとなる。

5．高度経済成長期から低成長期までの社会福祉

1）高度経済成長期の社会福祉
(1) 高度経済成長期の社会的状況
　日本は1955～57年に「神武景気」と呼ばれる大型景気を迎えた。それからの日本経済は急速に成長を遂げることとなった。昭和31年度の経済白書には「もはや戦後ではない」という言葉で，国民生活水準の回復が表現された。しかし一方では，厚生白書が指摘するように「わが国の低所得階層人口がふくれあがり……黒々として立ちはだかっている鉄の壁」だと表現している。この「鉄の壁」撤去をスローガンとして，1961（昭和36）年に所得倍増計画を閣議決定し，積極的な財政・金融政策を押し進めた。こうして日本経済はほぼ順調に成長を続け，「黄金の60年代」を築きあげた（図2‐16）。

(2) 国民皆年金・皆保険の成立
　高度経済成長による生産の合理化は，人々の健康破壊を促進した。疾病と貧困の悪循環については深刻な問題であり，当時結核患者が貧困の代名詞になっていたことからも明らかであった。そこで，医療保険制度確立が国民にとっても切実な願いであったことから，1958（昭和33）年に「国民健康保険法」が制定された。また翌年，高齢者の老後の不安に対応するために，「国民年金法」が制定された。その結果，1961（昭和36）年には国民皆保険および皆年金が実現したのである。

2）福祉六法体制の確立
(1) 社会福祉関係法の充実
　1962（昭和37）年に社会保障制度審議会が行った「社会保障制度の総合整

図2-15 サンフランシスコ講和条約の調印式（1951年）
(共同通信社提供)

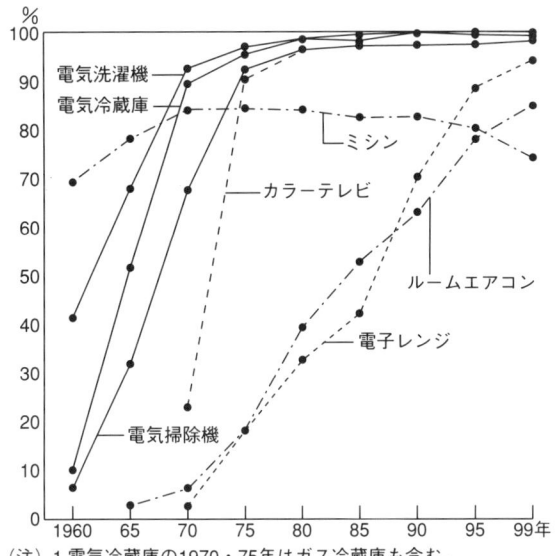

(注) 1.電気冷蔵庫の1970・75年はガス冷蔵庫も含む。
2.ルームエアコンの1970・75年は、ルームクーラー。
＊1970年代には、電気洗濯機・電気冷蔵庫を約90％の家庭が所有するようになった。

図2-16 家庭電化製品の普及率の推移
(経済企画庁『家計消費の動向』，1999)

第1節 社会福祉のあゆみ——日本編

備に関する勧告」は，皆年金・皆保険体制との比較で，整備の立ち遅れた社会福祉関係法の充実の必要性が述べられている。これは，高度経済成長のもたらした豊かさは，その一方で競争社会に適応できない社会的弱者と呼ばれる障害者，高齢者，母子家庭などの生活に，深刻な打撃をあたえていることに対する警告でもあった。

(2) 精神薄弱者福祉法の制定

こうしたなかで，多くの社会福祉関係法が制定されることとなった（表 2-10）。まず1960（昭和35）年には「精神薄弱者福祉法」（1999〈平成11〉年「知的障害者福祉法」に名称変更）が制定された。これは，成人の知的障害者を対象とする施設を整備し，児童から成人にいたるまで一貫した援護事業を行うことを目的としたものであった。

(3) 老人福祉法の制定

ついで，1963（昭和38）年には「老人福祉法」が制定された。その背景には，高度成長に伴い，高齢者問題がさまざまな社会問題として顕在化したことにある。たとえば，技術革新にともなう高齢者の就職困難，年金制度の未成熟，核家族化の進行による扶養機能の低下，地域共同体の崩壊などといった問題がある。したがって，高齢者の問題は，それまでのように貧困問題として生活保護法で対応するだけでは，複雑に多様化・高度化したニーズに対応しきれなくなった。

そこで，老人福祉対策を生活保護法から独立した領域として確立する必要性から，老人福祉法が誕生したのである。この老人福祉法の制定とともに，1964（昭和39）年には厚生省に老人福祉課が設置された。

(4) 母子福祉法の制定

1963（昭和38）年の「児童白書」には，児童の非行事犯，婦人の労働進出に伴う保育努力の欠如や母性愛の喪失など，さまざまな児童問題が取り上げられた。

表 2-10 戦後の社会福祉の概観

昭和20年代（1945～54年）
○ 戦傷病者，孤児，貧困への対応
1946年　日本国憲法公布
生活保護法制定
（50年に新法制定）
47年　児童福祉法制定
災害救助法制定
48年　民生委員法制定
49年　身体障害者福祉法制定
51年　社会福祉事業法制定
昭和30年代（1955～64年）
○ 国民生活安定化のための施策
・国民皆保険・国民皆年金の確立
・いわゆる「福祉六法」の体制整備
1960年　精神薄弱者福祉法制定
61年　国民皆保険・皆年金
63年　老人福祉法制定
64年　母子福祉法制定
昭和40年代（1965～74年）
○ 高度経済成長下での社会保障の拡充
1971年　児童手当法制定
73年　いわゆる福祉元年
・老人医療費無料化
・医療保険高額療養制度
・年金の物価スライド制
昭和50年代（1975～84年）
○ 経済安定成長と社会保障改革
1982年　老人保健法制定
（老人医療自己負担導入）
昭和60年代～平成の時代（1985年～）
○ 少子高齢社会への計画的な対応
1989年　ゴールドプラン策定
（94，99年に見直し）
90年　老人福祉法等福祉八法改正
91年　老人保健法改正
94年　エンゼルプラン策定
（99年に見直し）
95年　障害者プラン策定
98年　介護保険法制定
2000年　「社会福祉法」等関係法の成立・施行

（堀江裕「社会事業法と一部改正法の成立」『社会保険』平成12年7月号）

第1節　社会福祉のあゆみ——日本編

こうした深刻な問題に対して，厚生省はわが国児童は「危機的段階に置かれている」と認め，家庭における児童の健全な育成のためには，児童と母親双方に対してさまざまな配慮が必要であると考えた。

　そこで，1964（昭和39）年，母子家庭の福祉を総合的に推進する基本法として，「母子福祉法」（1981年，寡婦を対象に含めて「母子及び寡婦福祉法」となる）が制定された。また，同年，厚生省児童局が児童家庭局に改称され，児童福祉関係費国庫負担も急激に増加した。

　なお，この「精神薄弱者福祉法」「老人福祉法」「母子福祉法」とすでに昭和20年代の混乱復興期に制定された「福祉三法」は，社会福祉に関する基本的法律であり，これらを併せて「福祉六法」と呼ばれる体制がこの時期に確立した。

3）低成長期と福祉見直し論
(1) 高齢化の進展で変わる市民の認識

　1970年代に入ると，65歳以上の全人口に占める割合が7％を超えて，わが国も高齢化社会の仲間入りを果たした（図2-17，表2-11）。その前年には，「寝たきり老人」の介護問題が民生委員の実態調査からクローズアップされた。また，「痴呆性老人」の問題も，有吉佐和子の小説『恍惚の人』（1972年）がベストセラーとなり，その介護や安楽死問題にも関心が寄せられた（図2-18）。

　社会福祉への国民的関心は高齢化社会の到来により高まりをみせ，1971（昭和46）年以降，新しい社会福祉関係立法が制定され，種々の改善が進められた。まず，1970（昭和45）年には，欧米の基準を目標として「社会福祉施設緊急整備5ケ年計画」が策定された。そして，特別養護老人ホームの施設数および入居者数も，5年前（1965年）に比較して飛躍的に増大した（表2-12）。

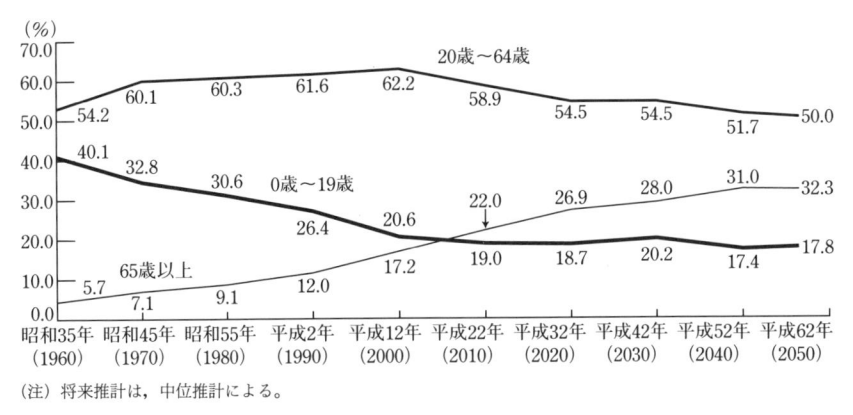

図2-17　総人口に占める各年齢層の割合

(総務庁統計局「国勢調査」、国立社会保障・人口問題研究所「日本の将来推計人口（平成9年1月推計）」；『社会保障入門』平成12年度版、中央法規出版)

(注) 将来推計は、中位推計による。

表2-11　人口高齢化速度の国際比較

国名	65歳以上人口比率の到達年次		所要年数	国名	65歳以上人口比率の到達年次		所要年数
	7％	14％			7％	14％	
日本	1970年	1994年	24年	ドイツ	1930年	1972年	42年
アメリカ	1945年	2014年	69	フランス	1865年	1979年	114
イギリス	1930年	1976年	46	スウェーデン	1890年	1972年	82

(注) ドイツは、統一ドイツベース

(日本は、総務庁「国税調査」、諸外国は、UN, World Population Prospects 1994；『社会保障入門』平成12年度版、中央法規出版)

図2-18　有吉佐和子『恍惚の人』
「痴呆性老人」という言葉が市民権を得るきっかけとなった小説。

第1節　社会福祉のあゆみ——日本編

(2) 福祉見直しと日本型福祉社会論

1973（昭和48）年には高度経済成長期はピークを迎え，「福祉元年」を迎えた。

しかし，この年の暮れにはオイルショックが世界を襲い，日本もそれまでのような経済成長は望めなくなった。つまり，「福祉元年」から一転して「福祉見直し」が主張されるようになった。そして，それまでの行き過ぎた福祉予算と政策の再検討を迫られることとなった。

「福祉見直し」は，まず，政府の提案した「日本型福祉社会論」として展開されることとなった。

そのなかでは，まず個人の自助努力と家族や地域における相互扶助が強調されていた。特に，「日本人は家族を大切にする民族だから，家族がまず福祉を担うことが一番適切な対応ができる」というものだった。そして，家族が無理ならば企業がそれを補い，それでも不十分なら自治体や国が援助するという考え方だ。

家族を福祉の主要な担い手と考えることは，子どもが幼いときは母親が職場を去って保育をし，親の介護が必要になったときは嫁が仕事を辞めて舅・姑の介護にあたり，その後は夫の介護も妻が行うというものだった。国際婦人年（1975年）の宣言では，女性は働くことが人権であるということが認められているのに，仕事を辞めなければならないということは，わが国が批准した女性差別撤廃条例に逆行していると言わざるをえなかった（図2-19）。

また，財政難から登場した「福祉見直し」ということで，政府の社会福祉の方針のなかには受益者負担原則の導入があげられた。これは，福祉サービスを受ける利用者やその扶養義務者に，その費用の一部を応能負担してもらう制度である。その他，「民間活力の活用」という言葉も登場し，自助・共助を支える福祉の担い手として，ボランティアに多大な期待が寄せられた。

表2-12 老人ホームの推移

	特別養護老人ホーム		養護老人ホーム		軽費老人ホーム		合　　計		65歳以上老人1000人あたりの老人ホーム定員数(人)
	施設数	定員(人)	施設数	定員(人)	施設数	定員(人)	施設数	定員(人)	
1965年	27	1,912	702	51,569	36	2,259	765	55,740	8.94
1970年	152	11,280	810	60,812	52	3,305	1,014	75,397	10.20
1975年	539	41,606	934	71,031	121	7,527	1,594	120,164	13.48
1980年	1,031	80,385	944	70,450	206	12,544	2,181	163,379	15.24
1985年	1,619	119,858	944	69,191	280	16,522	2,843	205,571	16.49
1990年	2,260	161,612	950	67,938	295	17,331	3,505	246,881	16.57
1993年	2,770 (89.0%)	194,091	949 (43.2%)	67,703	368 (89.1%)	20,842	4,087	282,636	16.79

注：（　）は私営施設の割合

（厚生大臣官房統計情報部編『社会福祉施設調査報告』各年版）

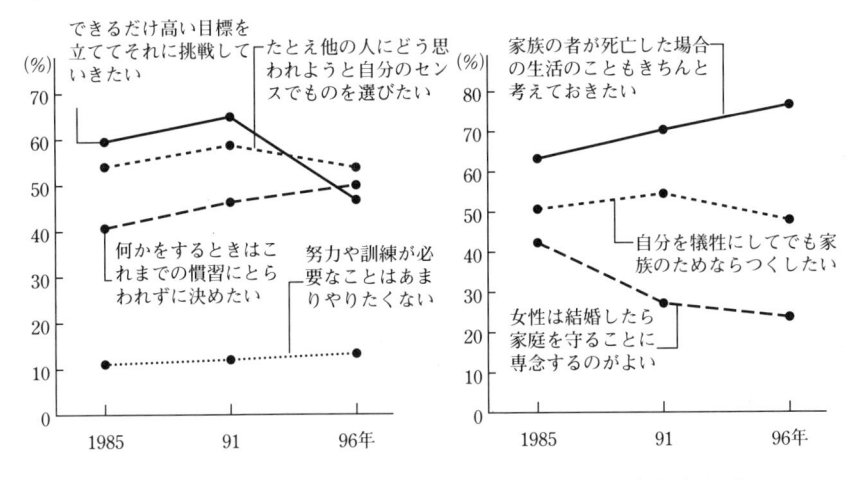

＊自主的な考え方を尊重し、自分自身の人生をたいせつにしようとする人がふえている。

図2-19　生き方や家族に関する考え方の変化

（生命保険文化センター『教育資料』No.117, 1997年11月号）

第1節　社会福祉のあゆみ——日本編

6．ポスト成長期の社会福祉改革

1）地域福祉推進をめざす社会福祉改革
(1) ノーマライゼーションと地域福祉

　1980年代になると核家族化が進行し，一人暮らしの高齢者も増加してくると，高齢者問題は他人事ではなく自分たちにとっての重要な課題だと考えられるようになった。つまり，社会福祉が一部の限られた貧しい，家族のいない人へのサービスだと思われていた時代から，自分たち自身の問題だという認識に変わってきたのである。そして，社会福祉サービスは「量より質」「対人援助サービスの充実」といった傾向が顕著になってきた。

　また，1981年の国際障害者年のテーマとなった「完全参加と平等」をきっかけに，ノーマライゼーションという言葉が社会福祉の理念として広く人々に知られるようになった。そして，「誰でも，普通に，地域社会のなかで」をめざして，地域社会のなかで人間らしい生活をどのように実現していくかという在宅福祉を重視したコミュニティケアの考え方が重要な課題となってきた。

　1989（平成元）年には福祉関係三審議会合同企画分科会が，「今後の社会福祉のあり方について」の意見具申を行い，市町村の役割重視，在宅福祉の充実，民間福祉サービスの積極的な育成などが提言された。

　これを受けて，1989（平成元）年12月には，「高齢者保健福祉推進10か年戦略」（ゴールドプラン）が策定された。このプランは高齢者の保健福祉分野における在宅福祉と施設福祉の基盤整備を1999年度までの10か年で行うという長期的な目標値を具体的に提示したものだった。

　その後，エンゼルプラン，障害者プランも策定され，社会福祉の改革が次々と行われた。

表2-13　3プランの概要

今後5か年間の高齢者保健福祉施策の方向（ゴールドプラン21）	重点的に推進すべき少子化対策（新エンゼルプラン）	障害者プラン～ノーマライゼーション7か年戦略
1999（平成11）年12月19日 大蔵・厚生・自治3大臣合意	1999（平成11）年12月19日 大蔵・文部・厚生・労働・建設自治6大臣合意	1995（平成7）年12月18日 障害者対策推進本部決定
〈基本理念〉 　介護保険法の円滑な実施のために必要な措置を講ずるとともに，高齢者保健福祉施策一層の充実を図るため新たなプラン（ゴールドプラン21）を策定する。 ＊プランの基本方向 ①活力ある高齢者像の構築 ②高齢者の尊厳の確保と自立支援 ③支えあう地域社会の形成 ④利用者から信頼される介護サービスの確立 ＊プランの具体的施策 ①介護サービス基盤の整備 ②痴呆性高齢者支援対策の推進 ③元気高齢者づくり対策の推進 ④地域生活支援体制の整備 ⑤利用者保護と信頼できる介護サービスの育成 ⑥高齢者の保健福祉を支える社会的基礎の確立	〈新エンゼルプランの趣旨〉 　このプランは，「少子化対策推進関係閣僚会議」で決定された「少子化対策推進基本方針」に基づく重点施策の具体的実施計画として策定 〈主な内容〉 ①保育サービス等子育て支援サービスの充実 ②仕事と子育ての両立のための雇用環境の整備 ③働き方についての固定的な性別役割分業や職場優先の企業風土の是正 ④母子保健医療体制の整備 ⑤地域で子どもを育てる教育環境の整備 ⑥子どもたちがのびのび育つ教育環境の実現 ⑦教育に伴う経済的負担の軽減 ⑧住まいづくりやまちづくりによる子育ての支援	〈基本的考え方〉 　ライフステージのすべての段階において全人間的復権を目指すリハビリテーションの理念と障害者が障害のない者と同等に生活し，活動する社会を目指すノーマライゼーションの理念を踏まえつつ，次の7つの視点から施策の重点的な推進を図る。 ①地域で共に生活するために ②社会的自立を促進するために ③バリアフリー化を促進するために ④生活の質（QOL）の向上をめざして ⑤安心な暮らしを確保するために ⑥心のバリアを取り除くために ⑦わが国にふさわしい国際協力国際交流を
2000～2004年度	2000～2004年度	1996～2002年度
（2004年末までの整備目標） 1．訪問系サービス 　(1)訪問介護　　225百万時間 　(2)訪問看護　　44百万時間 2．通所系サービス 　(1)通所介護／通所リハ 　　　　　　　105百万回 3．短期入所系サービス 　(1)短期入所生活介護／短期入所療養介護 　　　4,785千週／9.6万人分 4．施設系サービス 　(1)介護老人福祉施設 　　　　　　　　36万人分 　(2)介護老人保健施設 　　　　　　　29.7万人分 5．生活支援系サービス 　(1)痴呆対応型共同生活介護 　　　　　　　　3,200か所 　(2)介護利用型軽費老人ホーム 　　（ケアハウス）10.5万人分 　(3)高齢者生活福祉センター 　　　　　　　　1,800か所	（2004年末までの整備目標） ・低年齢児の受け入れ枠の拡大　　　　　　　68万人 ・延長保育の推進10,000か所 ・休日保育の推進　300か所 ・乳幼児健康支援一時預かりの推進　　500市町村 ・多機能保育所等の整備 　　　　　　　　2000か所 ・地域子育て支援センターの整備　　　　3,000か所 ・一時保育の推進 3,000か所 ・放課後児童クラブの推進 　　　　　　　11,500か所 ・国立成育医療センター（仮称）の整備 　　　　　　　13年度開設 ・周産期医療ネットワークの整備　　47都道府県	（2002年末までの整備目標） 1．住まいや働く場ないし活動の場の確保 　(1)グループホーム・福祉ホーム 　　　　　　　　2万人分 　(2)授産施設・福祉工場 　　　　　　　　6.8万人分 2．地域における自立の支援 　(1)障害児の地域療育体制の整備 　・重症心身障害児（者）等の通園事業　1.3千か所 　(2)精神障害者の社会復帰の促進 　・精神障害者生活訓練施設（援護寮）　6千人分 　・精神障害者社会適応訓練事業　　　5千人分 　・精神科デイケア施設1千か所 3．介護サービスの充実 　・ホームヘルパー 4.5万人上乗 　・ショートステイ　4.5千人分 　・デイサービス　　1千か所 　・身体障害者療護施設 　　　　　　　　2.5万人分 　・知的障害者更生施設 　　　　　　　　9.5万人分

⑵　21世紀へ向けての社会福祉の展望

　そして，2000年から施行された介護保険制度は，高齢者に対する社会福祉サービスの抜本的改革として大きな期待が寄せられている。介護に対する社会的な支援体制の確立をめざすことを目的とした制度で，「社会保険方式」を採用することにより，給付と負担の関係が明確となり，サービスの内容や提供主体の選択には本人の意向がより重視されることから，利用者の自己決定を尊重した制度といえる。

　また，この法律の円滑な実施と高齢者保健福祉施策の一層の充実を図るために，今後5か年間の介護サービス基盤整備を含む総合的なプランとして，新たに「ゴールドプラン21」が策定された（表2-13）。

　また，中央社会福祉審議会などを中心に議論が進められてきた社会福祉基礎構造改革の方向がまとまり（図2-20），その具体化策として「社会福祉事業法等の一部を改正する法律」が2000（平成12）年6月に制定された。このうち社会福祉事業法は社会福祉法に名称変更された。この社会福祉法の第3条には，福祉サービスの基本的理念として，個人の尊厳の保持が明記されていることは評価できる。

　つまり，21世紀に向けて福祉改革が進むなか，社会福祉がすべての国民の福祉の需要に的確に効率よく対応し，個人が尊厳をもって住み慣れた地域社会のなかでその人らしく自立した生活を送れるよう支援する福祉へと，一層の発展が期待されている。

○措置から利用へ～福祉サービスの利用制度化

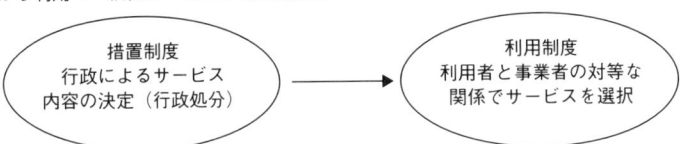

```
┌─────────────┐         ┌─────────────┐
│  措置制度    │         │  利用制度    │
│ 行政によるサービス │ ──→ │ 利用者と事業者の対等な │
│ 内容の決定（行政処分）│     │ 関係でサービスを選択 │
└─────────────┘         └─────────────┘
```

○利用者保護制度の創設～地域福祉権利擁護事業と苦情解決の仕組み

【地域福祉権利擁護事業】
〔制度概要〕痴呆性高齢者，知的障害者，精神障害者など判断能力が不十分な者が，自立した地域生活を送れるよう，福祉サービスの利用等を援助する。
〔実施主体〕都道府県社会福祉協議会ほか
他に，誇大広告の禁止や利用契約についての説明書面交付の義務付けを実施

サービスの質の向上

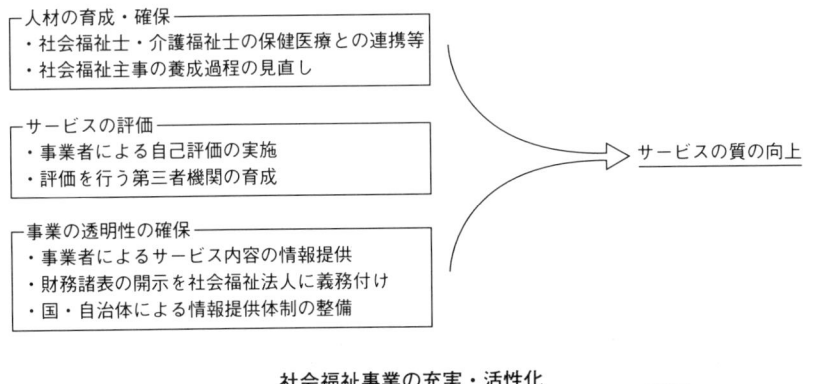

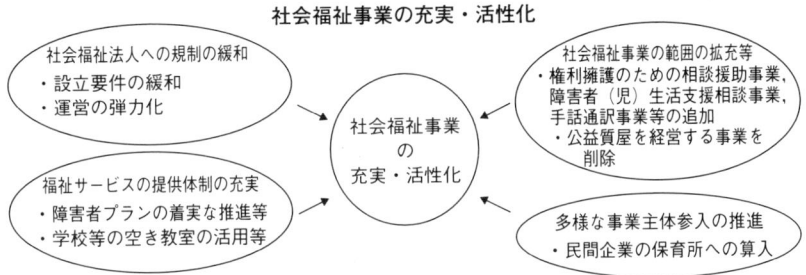

┌─人材の育成・確保──────
│・社会福祉士・介護福祉士の保健医療との連携等
│・社会福祉主事の養成過程の見直し

┌─サービスの評価──────
│・事業者による自己評価の実施   ⟹ サービスの質の向上
│・評価を行う第三者機関の育成

┌─事業の透明性の確保──────
│・事業者によるサービス内容の情報提供
│・財務諸表の開示を社会福祉法人に義務付け
│・国・自治体による情報提供体制の整備

社会福祉事業の充実・活性化

- 社会福祉法人への規制の緩和
  ・設立要件の緩和
  ・運営の弾力化

- 社会福祉事業の範囲の拡充等
  ・権利擁護のための相談援助事業，障害者（児）生活支援相談事業，手話通訳事業等の追加
  ・公益質屋を経営する事業を削除

- 福祉サービスの提供体制の充実
  ・障害者プランの着実な推進等
  ・学校等の空き教室の活用等

  →　社会福祉事業の充実・活性化　←

- 多様な事業主体参入の推進
  ・民間企業の保育所への算入

地域福祉の推進

・地域福祉計画の策定
・社会福祉協議会，民生委員，児童委員，共同募金会の活性化

図2-20　利用者の立場に立った社会福祉制度の構築

（『社会保障入門』平成12年版，中央法規出版）

第2節
社会福祉のあゆみ──欧米編

1．イギリスの社会福祉のあゆみ

1）中世社会の慈善事業
(1) 中世社会の相互扶助

イギリスなどの中世ヨーロッパの封建社会では，封建領主と農奴という関係を基盤とした荘園制が形成されていた。そこは，当時の農業は自然条件に左右されやすく，飢饉や自然災害時には，領主はしばしば農奴に対して慈恵的な保護救済を行ったのである。

また，11世紀末頃から，領主の保護育成のもとに都市が発達し始めた。手工業を中心に発展した中世都市にも，村落共同体と同様の機能を果たすギルドが形成されることとなった。

(2) キリスト教の慈善事業

一方，この村落共同体やギルドなどの相互扶助の網の目からこぼれ落ちる者に対しては，キリスト教の慈善施与活動が行われていた。歴代のローマ法王は教区司祭に救貧の義務を説いたため，教区を中心とした貧民救済活動が活発になった。

このようなキリスト教による慈善は，結果的には怠惰な物乞いや浮浪者を多く生み出す無秩序な施与という弊害をもたらすこととなり，社会から厳しい批判が向けられるようになった（図2‐21）。

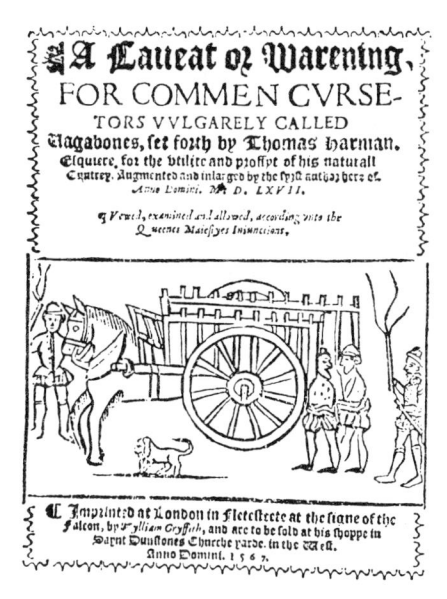

図2-21 荷車のうしろにしばられて笞刑を受ける浮浪者
(ハーマン『浮浪者への警告』, 1567)

表2-14 エリザベス救貧法

貧民の種類		救済内容
① 有能貧民	対象者	失業者
	救済内容	材料＋道具＝強制労働
② 無能貧民	対象者	老人・病人・障害者で直系血族のいない者
	救済内容	院外救済 収容が必要な場合は，慈善事業に委託する。
③ 児童	対象者	孤児や棄児，窮乏のために親による扶養を期待しえない児童
	救済内容	徒弟奉公（男24歳，女21歳）

　貧民行政に関しては，教区を単位とし，そこに貧民監督官を置いた。彼らは，教区住民からの救貧税の徴収を行う責任者だった。彼らは，治安判事によって任命され，指導・監督されていた。
　貧民は労働能力を基準に3種類に分類され，その処遇を決定していた。

第2節　社会福祉のあゆみ——欧米編

2）救貧法の成立と展開

(1) エリザベス救貧法の成立

イギリスにおいては，14世紀頃から大量の貧民が発生した。その主な原因には，エンクロージャーと農奴制の崩壊があげられる。

農奴は自由と引き換えに生活の基盤を失い，「働くことのできる貧民」として都市部に流入し，放浪生活に陥ったり物乞いをしたり，罪を犯す者まででてきた。こうした貧民の救済が，この時期の社会の要求となった。そこで1601年には，「エリザベス救貧法」（旧救貧法）が制定された（表2-14）。

しかし，救貧法の内容は貧民の救済というよりは，貧民を抑圧的に管理するものでしかなかった。このエリザベス救貧法は，1834年の大改正までイギリスにおける救貧制度として存続することとなった。

(2) 産業革命とエリザベス救貧法の破綻

18世紀後半からの産業革命は，イギリスに資本主義経済の飛躍的な発展をもたらした。しかし，この産業革命によって新たに創出された無産貧民層の増大は，もはやエリザベス救貧法では対応しきれない状態を生みだしたため，救貧法行政は，人道主義化に方向転換することとなった。

そこで，1782年にギルバート法が制定された。この院外救済は，1795年のスピーナムランド制度によってさらに拡大し，産業革命期において労働者に対する救済として一定の役割を果たした。

しかし，一方で，雇用主が低賃金の支払いを行っても，不足分は救貧税から補助金が支給されるため，雇用主の保護政策となってしまった。また，賃金労働者の労働意欲も減退させ，救貧税は増大する一方で，事態は悪化することとなってしまった。

図2-23 ロンドンの貧しき人々
ジェロルドの『ロンドン巡礼』（1872年）にギュスターヴ・ドレが描いたさし絵は，当時のイギリス下層階級の状態を活写している。
(指　昭博『生活文化のイギリス史』同文館，1996)

図2-23 ロンドンの「乞食少年」
(チェズニー『ヴィクトリア朝の下層社会』高科書店，1991)

第2節　社会福祉のあゆみ——欧米編

(3) 新救貧法の成立

1834年，議会はエリザベス救貧法に代わる新救貧法を成立し，救済の引き締めをはかることとした（表2-15）。

こうした新救貧法に影響を与えたのは，当時の有名な古典派経済学者アダム・スミスの自由放任主義や，マルサスの人口論であった。政治の実権を握っていた当時の産業資本家たちは，拡大する救貧税をできる限り削減することを求めていたため，こうした思想は彼らに歓迎されたのである。

3) 社会事業の成立
(1) 慈善組織協会（COS）

1860年代のイギリスは，「世界の工場」と呼ばれるほど，産業革命が進展したが，こうした繁栄の一方で，下層の労働者は取り残されることとなり，大量の貧民とともに救済を必要とすることとなった（図2-22，図2-23）。しかし，彼らの救済を新救貧法に期待することには限界があった。そこで，救貧法の不備を補う役割を果たしたのが民間の慈善事業だった。

民間の慈善事業は教会や人道主義者によって，それまでにはみられなかった大きな規模で行われるようになった。そこで，貧困者の個別調査と慈善団体間の事業の連絡によって，濫救や漏救を調整し，救済の適正化をはかるために，1869年に慈善組織協会（Charity Organization Society：COSという）が設立された。

また，COSの貧困観は，貧困を貧民個人の道徳的欠陥に帰するものとしたため，援助の対象を「救済に値する貧民」と「救済に値しない貧民」に分け，前者のみに救済を限定し，後者は労役場に委ねることとした点に特徴がある。このようにCOSは貧困を個人の責任とした点で慈善的色彩を強く残している。

しかし，一方で「施与ではなく友愛を」という基本理念のもとに，貧困者

表2-15 新救貧法の三大原則

(1) 救貧法の対象となる貧困者の生活は，いかなる場合でも自活する賃労働者の最低基準以下であらねばならない（劣等処遇の原則）
(2) 院外救助の範囲をせまくし，最少限にとどめ，一方，労役場を再建して，働く能力ある貧民はそこに収容し，収容を拒否する者には，いかなる援助もあたえない（院内救済の原則）
(3) 救貧行政を全国的に統一するため，中央機関を設立する（均一処遇の原則）

表2-16 社会調査

社会調査	ロンドン調査（ロンドン市民の生活と労働に関する調査）	第1次ヨーク調査
調査者	チャールズ・ブース	B. シーボーム・ラウントリー
調査期間	1886〜1888年	1899年
調査結果と内容	ロンドンの市民の約1/3が貧乏線以下の生活を送っているその原因は彼らの生活習慣に問題があるのではなく，長時間労働や低賃金といった，雇用上の問題や，劣悪な生活環境による疾病等によるものであることが明らかになった。 貧困の原因 　1．失　業 　2．低賃金 　3．疾　病	ヨーク市の約30%が貧困状態にあることがわかった。 ＊第1次貧困 　家庭の最低生活を維持していくうえで必要とされている総収入が不足している過程（15%） ＊第2次貧困 　最低生活は営めるが，生活にゆとりはなく少しでも医療費などの余分な出費があれば，すぐさま第1次貧困の状態に転落する家庭（30%）

　社会調査が行われたことにより，窮乏が「貧民」のみの問題ではなく，労働者階級自体の問題であることを社会全体が認識し始めた。

表2-17 「貧困」の原因分析

	実　数	百分率	実数	百分率
1．浮浪人	—	—		
2．低賃金（規則的稼得）	503	20		
3．不規則所得	1,052	43	1,668	68（雇用上の問題）
4．少額利潤所得	113	5		
5．飲酒癖（夫または夫婦とも）	167	7	322	13（習慣上の問題）
6．飲酒癖または消費癖の妻	155	6		
7．疾病または虚弱体質	123	5		
8．大家族	223	9	476	19（環境上の問題）
9．不規則労働者であり，かつ疾病または大家族のもの	130	5		
	—	—	2,466	100

(一番ヶ瀬康子『社会福祉事業概論』誠信書房，1964)

の自立を促すため，ボランティアによる家庭訪問活動を展開した。この活動が「友愛訪問」と呼ばれるものである。COSのメンバーの一人として活躍したオクタビア・ヒルは，施物を与えないで貧民を援助し，調査とケースワークの必要性を強調し，専門従事者の養成と訓練を積極的に行った。これは，彼女が「近代社会事業の祖母」と呼ばれているゆえんであり，COSが社会事業に果した役割は大きい。

(2) セツルメント活動

社会事業に貢献したもう一つの活動として，社会改良運動として展開されたセツルメント活動があげられる。1884年に，ロンドンのイーストエンド地区に，世界で最初のセツルメント「トインビー・ホール」が創設された（コラム参照）。その中心人物が，サミュエル・バーネットだった。

この活動は，貧困は個人の責任ではなく，個人を取り巻く環境の改善が必要であることを強調したものだった。指導者のほとんどは知識人や学生で，スラム街などの貧困居住者地域に住み込み，その地域の生活環境や福祉の改善・向上をめざし，スラムのかかえる問題解決に貢献したのである。

また，セツルメントは，今日のソーシャルグループワークやコミュニティオーガニゼーションの発展に貢献したとして評価されている。

(3) 貧困調査の開始

1873年に始まり，約20年に及ぶ大不況は，深刻な失業者問題を生み出した。また，労働者も低賃金と過酷な労働をしいられることとなった。窮乏が貧民だけの問題ではなく，労働者階級自体の問題であることを統計的に明らかにしようとする試みが，貧困調査として行われた。代表的な調査としては，チャールズ・ブースの「ロンドン調査」と，シーボーム・ラウントリーの「第1次ヨーク調査」がある（表2-16）。

こうした科学的貧困調査は，「貧困の原因が社会そのものにある」ことを明らかにし，社会的施策の必要性を実証したのである（表2-17）。

コラム

トインビー・ホールの精神

　ロンドンの下町，港の近くにトインビー・ホールという館がある。それは，現在，日本の都市でつくられはじめている公民館，社会館あるいは福祉会館などにあたるような，人々の集会のための部屋やクラブ活動のための小部屋，教室などがある古い建物（1884年設立）にしかすぎない。しかし，見学者とくに外国からの見学者は多く，現在も跡をたたない。なぜだろうか。それは，この館の精神こそ現代の生活に欠くことのできないものとして，各国で設けられている公民館や社会館さらに福祉会館など，また社会福祉事業の心の起点となったものだからである。その事情を述べてみよう。（中略）

　アーノルド・トインビーは，1873年1月，有名なオックスフォード大学に入学した。卒業後，彼はたんに学問研究のなかにのみとどまることを欲しなかった。とくに「産業革命」の研究をつづけるうちに，産業革命の諸結果は，自由競争は福祉を生みだすのではなくして富を生産するものであることを証明した（彼の唯一の著書として，死後彼の講義をまとめて刊行されたもの"The Industrial Democracy"塚田，永田共訳103頁）ことに気づき，さらにその結果，大英帝国の繁栄のかげに，貧しい人びとが存在することについて，自らもその社会を構成している一員であることに，深く責任を感じるようになってきたのである。彼は，それを自らの社会的罪であることを自覚し，共鳴する学生たちとロンドンのスラム街にでかけ慈善活動に従事した。

　しかし，彼はそれでも満足できなかった。スラム街の人たちと語りあううちに，それはたんなる慈善活動などで解決する問題ではないことを感じるようになってきたからである。

　その頃，イギリスの知識人は「貧乏」は社会とは関係なく，本人の無能・怠惰の故であり，とくに飲酒，浪費の故であると考え，慈善活動の多くは，貧しい人びとへの説教にあけくれていた。それに対し，トインビーは，説教では問題は解決しないこと，必要なのは飲酒で心をまぎらわす必要のないような生活環境を，またその状態を自覚するための状況や仲間をつくりだす援助をすることが大切であると思うようになってきたのである。

　彼は，同じ考えをもつバーネット牧師の影響をうけ，当時スラム街の中心であったホワイト・チャペルという所で活動した。さらに彼によって刺激された学生たちは，やがて館を建て，そこに住みこんで人びとと語り，ともに生活しようと志した。しかし，その館ができあがる前にトインビーは病気でたおれ，ついに帰らぬ人となってしまった。彼の友人や仲間，また学生たちはそれを悲しみ，その館を"トインビー・ホール"と名づけたのである。

　その開所式の折，またその後，館に集まる学生たちに，トインビーのもっとも近い同志であったバーネット牧師は，つねづねこういったということである。

　"貧しい人びとがしばしば不道徳あるいは無気力であるのは，それが本来の性格であるからではない。それは永年の低賃金，長時間労働，医療の貧困，老後の不安，住宅状況などからもたらされたものである。それに対して，何事かが法律または社会によってなされねばならぬという一般的な主張よりも"いま，私になにができるのか"という問いかけによって行動しよう。トインビー・ホールの活動はその一つの形態である。そしてそこに住みこむことは，人びとに何かを教えるためではない。同じ社会をつくっているものとして，あなた自身も何かを学ぶためなのだ"と——。

　この仲間のなかから，やがて，イギリスの社会福祉事業をつくった人びとが，また新しい時代の社会をきりひらいていった人が，数多く生まれていったのである。

（一番ヶ瀬康子，月刊『E.C.O.』1970. No. 1）

4）社会保険の登場

　1896年になると，それまでの大不況時代から脱出し，繁栄の時代を迎えることとなった。しかし，依然として失業率は上昇し続けた。セツルメントや貧困調査の報告を受けた人々は，低賃金労働者の生活問題に対して，強い関心を示すこととなった。そして，こうした社会状況のなかで，社会改良立法が次々と制定された。

　救貧法も1905年の「救貧法および失業者救済に関する王命委員会」設置により，検討が行われることとなった。委員会は多数派と少数派に分かれ，それぞれの報告書を提出した。多数派は救貧法の存続を前提に，救貧法による公的救済を公的扶助と改め，その再編を図ることを提言した。一方，少数派は救貧法を廃止して国民に最低生活を保障する社会政策を充実すべきだと考えた。これは，少数派のメンバーだったウェッブ夫妻の「ナショナルミニマム」の考え方に基づいたものだった（表2-18，図2-24）。こうした委員会の意見を尊重しながら，政府は救貧法を存続させながら，強制的社会保険を導入する政策をとり，1911年には国民保険法を制定した。

5）公的扶助の成立と失業法

　第一次世界大戦により，戦後好況期には失業者は減少した。特に好況期のピークを迎えた1920年には，それまでの失業保険が失業保険法として制定されるなど，失業問題に対する基盤整備が行われることとなった。しかし，すぐに戦後不況が訪れ，失業問題が深刻化し，従来の救貧行政では対応しきれなくなった。

　そこで，1929年には保健相チェンバリンが中心となり，「地方自治法」（Local Government Act）を制定した。この法律の制定により，教区連合の救済委員会は廃止され，145の地方議会にその機能が移されることとなっ

表2-18　ウェッブ夫妻の意見

「欠窮は貧乏とは異なる。貧乏とは相対的な語で，或る人が同輩より消費力が少なければ貧乏だとにへる。
然るに欠窮とは生活に必要な物——食糧，衣類，住居など——を欠いているために，健康と力と否生活力さへが害されて遂に生命その物が危くなることである。そしてそれには精神的堕落が伴ふ。永い欠乏から病気になったり早死したりする。汚ない町に集り，スエッティングの穴に働き又はあったりなかったりする仕事で露命をつなぎ，日夜人で一ぱいの一室長屋に住み，慢性的失業や永続的職業不足に苦しむ人々，幼児や男女少年や男や女が，飲酒と乞食と畏縮と横臥の雰囲気の中で誘惑にさらされ，これに陥ることを避け得なくなっている。これは1つの社会の病気だといへよう。イギリスではこの病気にかかっている人が常に3百万乃至4百万ある。問題は一刻も早く解決しなければならない。第1に，1世紀に渉る経験と知識は吾々に事実と対策とを知らないとはいはせない。第2に，このまま放任すれば外国との競争に破れるおそれがあるし，第3に，欠窮者やそのすぐ上の労働者階級の政治的権力は漸増しつつあるから，彼等はこの問題を社会全体の永遠の利益のためでなく彼等自身の物質的利益のために取りあげるやうになるからである。
欠窮を防止するにはその原因を知りその作用を阻まなければならない。欠窮の原因には主なものが5つある。第1は病気である。3分の1はこれである。第2は早く夫をなくして子供を抱へた寡婦である。第3は親をなくした子供でこれが3分の1ある。第4は老年や低能や精神病などから来る労働不能。第5は長期の失業である。これらはいづれも互ひに因となり果となっている。

（山村喬『フェビアン主義』pp.107〜8所収の"The Prevention of Destitution"抄訳より）

図2-24　S. ウェッブ（1859-1947）
（右田・高澤・古川編『社会福祉の歴史』有斐閣，1977）

図2-25　W.H. ベヴァリッジ（1879-1963）
（同左）

第2節　社会福祉のあゆみ——欧米編

た。これによって，救貧法は実質的に廃止され，公的扶助へと転換することとなった。

　第一次世界大戦後の1929年の世界大恐慌は，イギリスの失業率を20％にまで押し上げた。これは，人々が貧困問題が社会問題だという認識を一層強めることとなった。そして，1934年には失業法が制定されることとなった。

　また，インフレに苦しむ年金生活者に対して，1940年に一定の年金額に達しない人々に「補足年金」を適用した。また，1941年には「ニーズ決定法」を成立させ，公的扶助におけるミーンズ・テストを夫婦及び未成年の子の範囲に縮小した。

6) 社会保障制度の確立

(1) ゆりかごから墓場まで

　第二次世界大戦下の1942年に発表された「ベヴァリッジ報告」は，イギリスの戦後社会保障制度実現に向けての青写真であった（図 2 - 25，表 2 - 19）。この報告は，社会保険を柱とし，公的扶助を補助給付として組み合わせることにより，社会保障をめざそうとするものであった。

　こうしてイギリス全国民の生活を「ゆりかごから墓場まで」保障しようという「福祉国家」が実現されたのである。

(2) ベヴァリッジ体制の動揺

　戦後，社会障制度の具体化に着手した労働党は，全予算の20％を社会保障費にあてた。しかし，1950年の朝鮮戦争で，莫大な軍事費の負担を余儀なくされ，社会保障制度の縮小を行わざるをえなかった。

　そこで，政府は1951年に，国民保健サービス法による医療費の無料化を改正し，国民医療費の削減と患者の一部負担を導入した。この法律の生みの親であるベヴァン労相が発言した「バターか大砲か」の抗議の言葉からもわかるように，スタートまもない社会保障制度は，早くも後退することとなった

表 2-19　ベヴァリッジ報告書和訳（抜粋）

300.　**社会保障の範囲**　ここでいう「社会保障」とは、失業、疾病もしくは災害によって収入が中断された場合にこれに代わるための、また老齢による退職や本人以外の者の死亡による扶養の喪失に備えるための、さらにまた出生、死亡および結婚などに関連する特別の支出をまかなうための、所得の保障を意味する。もとより、社会保障はある最低限度までの所得の保障を意味するものであるが、所得を支給するとともに、できるだけ速やかに収入の中断を終わらせるような措置を講ずべきである。

301.　**3つの前提**　いかなる社会保障計画も、次の前提にもとづいて計画されたものでないかぎり満足なものではありえない。
(A) 15歳以下の児童、もしくは全日制教育を受けている場合は16歳以下の児童に対して児童手当を支給すること。
(B) 疾病の予防・治療ならびに労働能力の回復を目的とした包括的な保健およびリハビリテーション・サービスを社会の全員に提供すること。
(C) 雇用を維持すること、すなわち大量失業を回避すること。
（略）

302.　**保障の3つの方法**　これら3つの前提にもとづいて、社会保障計画は、次に概略するように、3つの異なった方法を組み合わせて行なわれる。すなわち、基本的なニードに対する社会保険、特別のケースに対する国民扶助、基本的な措置に付加するものとして任意保険、の3つである。社会保険とは、被保険者本人または被保険者に代わる者があらかじめ強制保険料を拠出することを条件として、請求時の個人の資力に関係なく、現金給付を支給することを意味する。社会保険は、3つの方法のなかでは最も重要な方法であり、ここではできるかぎり包括的なものとするように計画案がつくられている。（略）社会保険は国民扶助と任意保険の両者によって補完される必要がある。国民扶助とは、請求のさいに扶助が必要であることの証明を条件として、事前の拠出に関係なく、個々の事情を考慮して調整を行なったうえで、国庫から支払われる現金給付を意味する。国民扶助は、社会保険の範囲がどんなに拡大されても、社会保険を補足するものとして欠くことができないものである。これら二者のほかに、任意保険が存在する余地がある。国の制度としての社会保険および国民扶助は、それぞれ定められた条件のもとで、生存に必要な基本的な所得を保障するように計画されている。社会の異なる階層の現実の所得格差はいちじるしく、（略）高い支出水準に備えることは本来個人の役割であり、それは自由な選択の問題であり、また任意保険の問題である。（略）

303.　**社会保険の6つの原則**　社会保障の主要な方法として、以下に述べる社会保険計画は、次の6つの基本原則を具体化したものである。
　　均一額の最低生活費給付　　均一額の保険料拠出　　行政責任の統一
　　適正な給付額　　包括性　　被保険者の分類

304.　**均一額の最低生活費給付**　社会保険計画の第1の基本原則は、失業もしくは労働不能によって中断され、あるいは退職によって停止した稼得時の収入額に関係なく、均一額の保険給付を支給することである。ただし、業務上の災害もしくは疾病の結果生じた長期の廃疾の場合のみは例外となる。この原則は、社会保障における任意保険の位置とその重要性を承認することから生まれたものであり、またこの原則によって、英国で提案された計画は、ドイツ、ソ連、アメリカおよびその他、ニュージーランドを除くほとんどの国々の社会保障計画と区別されるのである。均一額は主要なあらゆる形態の収入の中断——失業、労働不能、退職——に対しても同一である。妊産婦および寡婦に対してはもっと高額の一時的な給付が支給される。

305.　**均一額の保険料拠出**　計画の第2の基本原則は、各被保険者またはその使用者から徴収される強制保険料拠出が、被保険者の資力に関係なく均一額であるということである。すべての被保険者は、富める者も貧しい者も、同一の保障に対しては同額の保険料を支払う。より資力のある者はより多額の支払いをするが、それは、納税者として国庫へ、したがって社会保険基金への国庫負担分へより多額の納入をするにすぎない。この点は、英国で提案された計画と最近ニュージーランドで設けられた計画とを区別する特徴である。ニュージーランドの計画では、拠出金は所得別に高低があり、これは実質的には目的税たる所得税となっている。さらに、1つの例外はあるが、保険料拠出は特定の個人が受ける恐れがあると想定される危険の度合いとか、また雇用の形態とかに関係なく同額である。その例外とは、危険の度合いの高い職業の場合には、業務上の労働不能に対する給付および年金に要する特別費用の比率を高くし、危険の程度および給与支払総額に応じて使用者から徴収するということである。（略）

　　　　　　（山田雄三監訳『ベヴァリッジ報告　社会保険および関連サービス』至誠堂、1975）

のである。

そして，ベヴァリッジ体制の基本方針であった社会保険の均一拠出と均一給付も，1966年に崩壊することとなった。これは，均一拠出が低所得者の負担能力に制約され，保険料の引き上げに限界が生じる一方で，給付も国民扶助受給者の増大により，給付が拠出を上回ることとなり，社会保障費の急増をもたらしたからである。

こうした窮迫した経済情勢のなかで，同年政府は社会保障省を設置し，国民扶助局を廃止した。そして，「扶助」の名称は「補足給付」と変更されることとなった。

(3) 「シーボーム報告」とコミュニティケアの発展

1960年代に入ると，コミュニティケアや予防的社会サービスの必要性が指摘されるようになった。

1968年に発表された「シーボーム報告」の中心的な考え方は，コミュニティに立脚した家族単位のサービスを強調し，地方自治体の権限を強化し，対人援助サービスを重要視したものだった。

この報告に基づいて，1970年には地方自治体社会サービス法（Local Authority Social Act）が制定された。そして，地方自治体を対人サービスの拠点とするための「地方自治体社会サービス部」が設けられ，そこで働く社会福祉の専門職であるソーシャルワーカーの制度も確立した。

しかし，1973年のオイルショックによる経済危機は，イギリスにそれまでの福祉国家政策の転換を迫ることとなり，地方自治体も公共支出の見直しを行わなければならなくなった。

(4) サッチャーリズムと社会保障制度の後退

1979年には，M.サッチャー保守党政権が誕生した。サッチャー政権は，「社会的責任の原理」よりも「個人的責任の原理」を提唱し，福祉における国の責任と役割を縮小するための政策を打ち出した。1980年以降は，自立，

表 2-20　イギリスの社会福祉に関する法律等の流れ

11世紀	荘園における農業生産力向上，手工業者の商品生産の発展を基礎に中世工業都市が発達　キリスト教による慈善事業：救治院，救貧院
14世紀	貧民の大量発生（原因：ばら戦争による浮浪者の増加，囲い込み運動，僧院解体による貧民保護の停止，ギルド崩壊）
1349年	エドワード3世「労働者条例」公布
1531年	ヘンリー8世　浮浪の禁止および乞食の分類化
1536年	乞食の禁止，労働能力のない貧民に対する施与など
1547年	浮浪者への処罰強化
1572年	救貧税の創設
1576年	就労拒否者に対して懲治監
1601年	エリザベス救貧法（1531年からの救貧政策の集大成）
1722年	労役場テスト法
1782年	ギルバート法
1793年	ローズ法（友愛組合の奨励と救済に関する法律）
1795年	スピーナムランド制度
1832年	救貧法調査委員会の設置
1834年	新救貧法の成立
1847年	救貧法委員の廃止
1869年	慈善的救済の組織化と乞食抑制のための協会
1870年	慈善的救済の組織化と乞食抑制のための協会が「慈善組織協会COS」と改称
1884年	最初のセツルメント「トインビーホール」の創設
1901年	シーボーム・ラウントリー『貧困――都市生活の研究』
1905年	救貧法および失業者救済に関する王命委員会の設置
1906年	労働争議法，学童給食法
1907年	学童保健法
1908年	無拠出老齢年金法，炭坑夫8時間労働法，児童法
1909年	職業紹介法，最低賃金法，住宅・都市計画法
1911年	国民保険法
1925年	寡婦・孤児および老齢拠出年金法
1929年	世界大恐慌，失業率20%となる
1931年	国民経済法
1934年	失業法
1935年	失業扶助（臨時措置）法
1941年	社会保障委員会の設置
1942年	「ベヴァリッジ報告」（社会保険および関連サービスに関する報告）
1945年	家族手当法，国民（産業災害）保険法
1946年	国民保険法，国民保健サービス法
1947年	経済危機
1948年	国民扶助法，児童法
1949年	ポンド切り下げ
1950年	朝鮮戦争起こる
1966年	ベヴァリッジ体制の完全崩壊，労働党内閣発足
1970年	家族所得補足法
1975年	児童給付法
1979年	サッチャー保守党政権誕生
1982年	『ソーシャル・ワーカー――役割と任務』（「バークレイ報告」）
1986年	社会保障法
1989年	児童法
1990年	国民保健サービスおよびコミュニティケア法

（山田美津子『社会福祉のあゆみ――欧米編――』一橋出版，1999）

自助，サービスの選択，受益者負担の原則にたって，福祉対策の民営化とコミュニティケアを推し進めることとなった。いわゆるサッチャーリズムと呼ばれるもので，社会保障制度の後退である。

1990年には，「国民保健サービス及びコミュニティケア法」が成立した。この法律は，人口の高齢化により，増大する医療費を抑制することが第一の目的だった。また，コミュニティケアについても，1993年よりコミュニティケア計画の策定が地方自治体で義務づけられることとなった。そして，在宅で生活する要援護高齢者・障害者に対するケアと社会支援サービスを地域社会のなかで，ネットワーク化するための施策であるケアマネジメントシステムが展開されることとなった。

1997年には，18年ぶりにブレア労働党政権が誕生した。ブレア政権は現在，国民の就労を促進し，国に頼る福祉からの脱却をめざしている。

なお，表2-20にイギリスの社会福祉に関する法律等の流れをまとめておいた。

2．アメリカの社会福祉のあゆみ

1）19世紀までの救貧事業

(1) 植民地時代の救貧政策

植民地時代のアメリカは，勤労と節約が最上の美徳とされていた。植民者たちの多くは，自立・自助の精神の持ち主で，努力と勤勉が富をもたらすと信じていた。

一方，老人・寡婦・孤児・病人，貧しい移民者等については，親族・近隣などの共同体内における相互扶助や教会の慈善が行われていた。しかし，植民者の増加に伴い，共同体内の相互扶助では対応しきれなくなり，各植民地は母国イギリスのエリザベス救貧法を模範として，救貧法を制定すること

D.M. Schneider, "The History of Public Welfare in New York State 1609-1866"

「19世紀には，農家委託と年期奉公は，徐々に救貧院の壁のなかでの貧困者の管理という形態にかわっていった。……貧民者の家での居宅救護は費用のかかるものであった。また，それは，その上怠惰を助長し，貧困を増加させるようにみえた。そのため緊急な一時的な方法として置かれてはいたが，しだいに陰気な救貧院が，しだいに，青年と老人とを問わず貧民救済の原則的な形態となっていった」

図2-26　ニューヨーク州最初の救貧院

(一番ヶ瀬康子『アメリカ社会福祉発達史』光生館，1963)

表2-21　クインシー・レポート

まずクインシー・レポートを紹介しよう。そこではマサチューセッツ州における救貧費が，1801年には2万8,000ドルであったのに対し1820年には7万2,000ドルにふえてきた事実をのべ，さらにつぎの5点を強調している。 1　居宅救護はもっとも不経済であり，被恤救者に対しても害がある。 2　援産所をともなう救貧院が，もっとも経済的である。そこでは能力にしたがって仕事があたえられる。 3　貧民の就業については，農業が最適である。それは健康的であり，利益がある。 4　以上のことは，資産のある知的な人々によって構成された監督委員会の監督のもとで成功する。 5　貧困の原因の最大のものは，飲酒である。

(同上)

第2節　社会福祉のあゆみ——欧米編

なった。

救貧法は主に，院外救済（居宅保護）を中心に実施された。しかし，18世紀になると，貧窮者の増大に対応するために，公立救貧院も出現してきた（図2-26）。

(2) クインシー・レポート

独立戦争により，アメリカは13州からなる連邦国家として承認された。貧民救済は植民地時代のものを州が引き継ぐ形となった。19世紀前半には，救済費の軽減のために，貧民の救済は院内救済が原則となった。そして，労働能力のある貧民は救済対象から除外された。救貧院での保護の対象となった者は老人・孤児・障害者等の労働能力のない者だけで，そこでの生活は雑居式で男女混合があたりまえだった。

1815年から21年にかけての深刻な不況により，労働者の生活水準は低下し，多くの失業者を生み出し，救貧費が増大することとなった。

こうした時代に救貧法に影響を与えたのが，1821年に提出された「クインシー・レポート」だった（表2-21）。そこでは，居宅救済は最も不経済で人々の勤勉な習慣を破壊するもので，工場の性格をもつ救貧院の必要性が強調されていた。

(3) 「ピアース原則」の確立

1854年にF.ピアース大統領が連邦政府は慈善事業には一切関知しないという「ピアース原則」を確立したため，地方分権主義が一層強化されることとなり，公的救済費の増大は州の財政を逼迫させることとなった。

公的救済事業は経済的だと考えられている院内救済に傾斜していく一方で，労働能力のある貧民に対する居宅救済は，民間の慈善事業に委ねられていった。

(4) 慈善組織協会（COS）

1860年代から1920年代にいたるまでに，アメリカの資本主義は急激に発展

表2-22 慈善組織協会および類似団体の設立年次

地　　　　　名	人　口	設立年次
ローレンス（マサチューセッツ）	41,000	1852
シ カ ゴ	503,185	1872
マルデン（マサチューセッツ）	12,017	1875
ピッツバーグ	156,389	1875
フィルクバーグ（マサチューセッツ）	12,429	1876
スプリングフィールド（マサチューセッツ）	33,340	1876
バッファロー	176,607	1877
セントルイス（モンタナ）	350,518	1877
ニューヘヴン	60,000	1878
オレンジ（ニュージャージー）	13,207	1878
フィラデルフィア	843,000	1878
シラキュース	51,792	1878
ピッツフィールド（マサチューセッツ）	13,364	1878
プインフィールド（ニュージャージー）	81,125	1878
ボストン	326,535	1879
ブルックリン	556,663	1879
シンシナティ	255,139	1879
インディアナポリス	75,056	1879
ニューポート（ロードアイランド）	15,693	1879
ポートランド（メイン）	33,810	1879
ポウキープシー	20,207	1879
デトロイト	185,000	1880
キャンサスシティ	55,785	1880
バルティモア	332,213	1881
ケンブリッジ	52,669	1881
クリーブランド	160,146	1881
ミルウォーキー	175,000	1881
セイラム（ニュージャージー）	5,056	1881
タウントン（マサチューセッツ）	21,213	1881
ワシントン	177,624	1881
ペブロ（コロラド）	3,217	1881
ニューアーク（ニュージャージー）	136,000	1882
ニューヨーク	1,300,000	1882

(Conference of Charities and Correction 1893, Appendix B.ただし設立年次別にならびかえた)

（一番ヶ瀬康子『アメリカ社会福祉発達史』光生館，1963)

第2節　社会福祉のあゆみ——欧米編

し，短期間のうちに独占資本主義へ移行したのである。

急激な経済成長を遂げて，一挙に世界の大国になったにもかかわらず，1901年代までの救貧制度は救貧院における院内救済と民間団体による居宅救済だった。しかし，院内救済においては，それまでの雑居式救貧院から，盲人・老人・母子という特定の対象に対して居宅救済を実施する州が現れた。こうした取り組みは施設が専門分化していく契機となったのである。

民間慈善事業としては，1877年にガーディンによって，最初のCOSがバッファローに設立された（表2-22）。そして，1892年までに92のCOSがアメリカ主要都市に設立されることとなった。COSの活動は，慈善活動の指導，調整，組織化や，救済申請者や受給者のための中央登録所の設置，福祉ニーズの発見と被救護者の自立支援のためにボランティアや有給職員による友愛訪問を実施することだった（表2-23，図2-27）。この友愛訪問は，ソーシャルケースワークの萌芽としも評価できる。しかし，COSの創始者たちは，貧困は個人の怠惰から引き起こされるものと信じていたため，この活動は社会改良的なものではなく，自助精神を指導するものであった。

(5) セツルメント運動

同時期にセツルメント運動も展開される。アメリカにおける最初のセツルメントは，1886年にコイツによってニューヨークの貧民居住地区に創設されたネイバーフッド・ギルドだった。こうした，セツルメント運動がめざしたものは，当時の慈善事業が道徳的欠陥のある人たちに施しを与えるという考え方とは明らかに異なり，セツラーと地域住民である労働者が平等の立場で互いに学び合い，社会をより良くしていくために協力するという，社会連帯意識に基づいた社会改良の立場にたった運動であった。

特にシカゴにJ.アダムスにより設立されたハル・ハウスでは，「シカゴ工業地域の状態を調査し，改善すること」をスローガンとし，社会問題を個人の責任とするのではなく，個人を取り巻く環境改善に視点をおいて調査を行

表 2-23　慈善組織協会救済者（1887年）

継続的な救済の資格のあるもの	2,888	10.3%
一時的な救済の資格のあるもの	7,451	26.6
救済よりも職業を必要とするもの	11,280	40.4
救済の資格のないもの	6,342	22.7

(Amos G. Warner "American Charities", 1894 所収第1表)

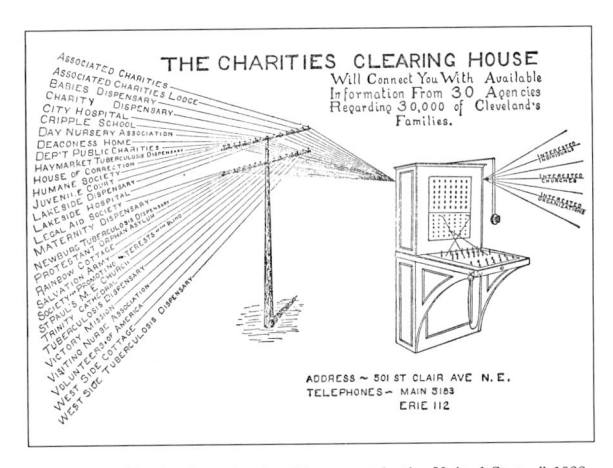

(F.D. Watson "The Charity Organization Movement in the United States" 1922, p. 129)

「産業社会の民主主義の下で，独立した市民としての生活理念は，自分の生活費は自分でかせぎ，危急の場合にも，自分でそれをまかない，働いていた時代にたくわえた貯金で老後も生活するというのである。そして，それが，慈善組織化運動をすすめてきた人々の大多数の感覚であった」
(Frank Dekker Watson "The Charity Organization Movement in the United States," 1922, p. 522)

「……慈善組織化運動は，英国の場合よりも熱心に取り入れられた」
(Frank J.Bruno "Trends in Social Work 1874～1956" 1957)

図 2-27　慈善組織化の啓蒙図
(一番ヶ瀬康子『アメリカ社会福祉発達史』光生館，1963)

第2節　社会福祉のあゆみ――欧米編

い，その結果をソーシャルアクションにまで発展させていったことは評価できる（表 2 - 24）。

(6) 専門教育のはじまり

こうしたなか，専門家としてのソーシャルワーカーへの社会的需要が高まり，COS の友愛訪問員やセツルメント活動家たちは専門知識を求めるようになった。そして，こうした動きが専門教育機関の設立を促すこととなった。1898年に最初の社会事業現任訓練講習会がニューヨークの COS によって開催された。1903年にシカゴ市民博愛学校，1904年にニューヨーク博愛学校が設立された。また，教育・研究分野では，M.E.リッチモンドが『社会診断』『ソーシャルケースワークとは何か』を著し，ケースワーク論を確立し，ソーシャルワークの科学化を推し進めた。

2) 大恐慌から現代まで

(1) ニューディール政策と社会保障の成立

1929年の大恐慌により，多くの人々を失業と貧困問題が襲うこととなった。1933年に大統領に就任したフランクリン D.ルーズベルトは，失業救済に対してニューディール政策を実施することとした。アメリカはそれまで，救済問題は連邦政府が取り扱うべきではないという植民地時代以来の地方分権主義である「ピアース原則」を貫いてきた。しかし，ルーズベルト大統領はこの伝統を覆し，アメリカ史上初めての連邦政府による救済が実現した。このニューディール政策は，第二次世界大戦後にまで続くアメリカ型社会保障の起点となった。そして，1935年には，「社会保障法」が制定された。1965年にメディケア，そして翌年メディケイドも制定された。

(2) 貧困戦争

アメリカは1960年代に入ると，「新たな繁栄の時代」を迎えた。しかし，世界で最も豊かで強大な国であるはずのアメリカに，実は要保護状態にある

表2-24　ハル・ハウスでの経験

1889年	○ 春　ハル・ハウス開設
	○ 主なる事業として，若い婦人のための読書会，子どもクラブ，移民のためのプログラム，コーヒーショップ等
	○ 夏　保育園はじまる
	○ ハル・ハウス燃料購入協同組合（以後3年間続く）
	△ フローレンス・ケリーを中心に社会調査実施
	――苦汗労働，移民の食生活と栄養，イタリー移民の食生活
1890年	○ 1月1日　老人招待パーティ（以後これは年中行事となる）
	○ 春　「労働者社会科学クラブ」(Working People's Social Science Club) はじまる。7年間，週1度の集会が続く
	○ 夏　地下室に近隣の人びとのために浴室開設
	○ 日曜コンサートはじまる（後に全国的な労働歌のコンテストを生む）
	× セツラーの1人ジュリア・ラスロップがクック卿の正式訪問員として貧窮者のケースを受持つ
1891年	○ 5月　ジェーン・クラブ（働らく婦人のための寄宿舎）開設
	○ 9月　ロンドンのバーネット夫妻から借りた絵の展覧会
	○ 美術館開設
	○ 保育園の子どもの母親の間に，ハル・ハウス婦人クラブがつくられる
	× ジェーン・アダムス，シカゴ大学の大学拡張講座の講師となる
	× セツラーの1人，スティブンス夫人が，警察の委嘱をうけて非行少年のケースを扱う
1892年	○ 婦人クラブを中心に，ごみの処理の実情と各地の死亡率調査，議会に報告
	△ 労働保護立法（ことに女子のため）の運動に参加
	× ジェーン・アダムス，倫理文化協会の夏期学校で「セツルメントの必要性」につき講演
1893年	○ 春　ハル・ハウス男子クラブが組織され，各種の地域改良活動を起こす（道路の改善，賭博場の閉鎖等）
	○ ハル・ハウス音楽学校開設
	△ Hull House Maps and Papers 出版
	× ジェーン・アダムス，地区の塵芥処理監督官となる
	× ジェリア・ラスロップ，イリノイ州慈善委員会委員となる
1895年	× ジェーン・アダムス，州の救貧院調査委員の1人となる
1896年	△ 酒場の社会的影響についての調査
1899年	△ 移民保護協会（グレイス・アボット会長）による調査に基づき，民間職業紹介機関に関する法律制定される
	△ 少年裁判所開設のために努力
	× 新設された少年裁判所の最初の保護観察官として，スティーブンス夫人任命される
1900年	△ 連邦工業委員会に進言して，縫製工の待遇改善に努力した
1902年	△ 2人のレジデントによる水道状況の調査
	△ アリス・ハミルトン博士によるチフスの伝染経路についての調査
	△ 以上の結果に基づき，市衛生局の監督官24人中11人を罷免する運動
1905年	△ シカゴ慈善組織協会がハル・ハウスの託児所をひきうける
	× 6月　ジェーン・アダムス，シカゴ市教育委員会の委員になる
1907年	△ 青少年保護委員会生まれる。ハル・ハウスで集会
1908年	△ 連邦児童労働委員会がシカゴで開催され，ハル・ハウスは，新聞配達少年についての調査結果を報告
1909年	△ 出身国別移民の乳児死亡率の調査
	△ 少年裁判所に非行少年の精神医学的研究のための診療所を附設する運動に貢献

（○　クラブ，施設等の設置，△　調査活動，×　セツラーの対外活動）　　――以下略――
(一番ヶ瀬康子『アメリカ社会福祉発達史』光生館，1963)

第2節　社会福祉のあゆみ――欧米編

多くの家族が存在することが明らかにされた。

ジョンソン大統領は「偉大な社会」構想を提唱し，福祉政策の充実を約束した。そして，1964年に経済機会法を制定し，貧困者の自助活動を援助し，コミュニティ計画への貧困者の参加や雇用の促進などが試みられた。こうした一連の施策の展開は「貧困戦争」と呼ばれている。しかし，この貧困戦争はベトナム戦争の拡大により十分な財源の確保が難しく，1969年には大統領自らが敗北宣言をだすことになった。

(3) レーガンからクリントン政権下の社会福祉

1973年のオイルショックは，アメリカにおいても経済の低成長期への移行を余儀なくされた。福祉支出は国の財政を圧迫することとなった。

1981年に発足したレーガン政権は，外交では「強いアメリカの再生」，内政では「小さな政府」をめざした。彼は自助というアメリカの伝統的な価値観のもとに，「福祉見直し」を押し進めた。そして，保健・教育・福祉政策に対する国の補助金の大幅な削減は，地方自治体レベルでの新たな福祉問題を発生させた。たとえば，ホームレスの問題等は今日の大きな社会問題となっている。

1992年の大統領選挙戦で，民主党のビル・クリントンが当選を果たした。彼の公約であった景気は回復している。しかし，もう一つの公約であった医療制度の改革については，ヒラリー夫人を委員長とする医療制度改革作業委員会を設立し改革案をまとめたが，実業界等の反対が多く，実現には至らなかった。アメリカの医療保険未加入者は3,700万人にものぼり，医療費の不安が解消されない多くの人々の問題は，今後の課題である。

医療問題の他にも，要介護高齢者の増大やホームレス問題，児童虐待等，さまざまな社会問題を抱えるアメリカの今後の対応が注目される。

アメリカの社会福祉に関する法律案の流れは，表2-25を参照されたい。

表2-25 アメリカの社会福祉に関する法律等の流れ

17世紀中頃	イギリスによる支配が進められる 植民地住民増加→貧困者の増加 多くの植民地において，母国イギリスのエリザベス救貧法を範型とした救貧法が制定される
1642〜1643年	ヴァージニア，救貧法の制定（救貧行政の単位：イギリス国教会教区）
1661年	ニューヨーク，救貧規定の設置（「怠惰者，浮浪者はできるだけ懲戒し，真の貧民により良い援助を施す」）
1683年	ニューヨーク，強制課税をともなう救貧法の制定（救貧行政単位：郡 county）
1735年	ニューヨーク，ニューヨーク市立救貧院の設立
1791年	工業化政策。財務長官ハミルトンが「製造工業に関する報告書」を議会に提出
19世紀前半	大部分の州が救貧院を設置／ユニテリアンの社会活動
1815〜1821年	恐慌により，労働者の生活水準低下
1821年	「クインシー・レポート」（マサチューセッツ州救貧法に関する委員会報告）
1824年	「イエーツ・レポート」（ニューヨーク立法機関の委嘱による救貧法の経費と運営に関する報告書）
1843年	ニューヨーク，貧民生活状態改善協会（AICP）の創設
1849年	バルチモア，貧民生活状態改善協会の創設
1853年	ニューヨーク，児童援護協会（CAS）の創設 ブルックリン，貧民生活状態改善協会の創設
1854年	「ピアース原則」の確立
1863年	マサチューセッツ州に慈善局の設置
1870〜1880年	「金ピカの時代」「金メッキ時代」の到来／COS 活動の展開
1886年	アメリカにおける最初のセツルメント活動「隣人ギルド」設立（ニューヨーク）
1887年	全米慈善・矯正会議（「ケースワーク」の登場）
1898年	社会事業現任訓練講習会がニューヨーク COS によって開催される
1899年	少年裁判所の設立に関する法律の施行
1901〜1917年	「革新時代」（都市中間層を中心とした，労働者保護のための革新主義運動）
1903年	シカゴ市民博愛学校の設立
1904年	ニューヨーク博愛学校の設立
1906年	アメリカ労働立法協会の創設
1909年	第1回ホワイトハウス児童会議（要救護児童の保護に関する会議）
1911年	労働者災害補償法がワシントン州で制定 母子扶助法がイリノイ州で始まる
1912年	児童局の設置
1918年	乳児・妊産婦法案（シェパード・タウナー法案）の提案
1919年	第2回ホワイトハウス児童会議
1929年〜	大恐慌
1933年	ルーズベルトによる「ニューディール政策」
1935年	社会保障法（＝経済保障法）の施行
1941〜1945年	第二次世界大戦
1950年	朝鮮戦争
1964年	ジョンソン大統領による「貧困戦争」の宣戦布告
1965年	ベトナム戦争の激化
1967年	全国福祉権大会開催。全国福祉権組織の結成
1969年	ニクソン大統領による「貧困戦争」の敗戦宣告
1981年	レーガン政権「国防強化・福祉削減」
1988年	ブッシュ大統領就任。所得の分極化が進む
1992年	クリントン大統領就任。医療制度改革作業委員会の設立（しかし改革案は実現せず）

(山田美津子『社会福祉のあゆみ──欧米編──』一橋出版，1999)

3．スウェーデンの社会福祉のあゆみ

1）慈善事業から救貧法へ
(1) 農業国スウェーデンと広場村太陽分割制

　スウェーデンは気候・風土が大変厳しく，かつては「岩と氷と熊の国」といわれていた。また，ヨーロッパの北辺に位置するため，日照時間にも乏しかった。スウェーデンはもともと農業国であったが，こうした自然環境の厳しさのなかで，人々が農地を耕すために平等な日照時間が得られるように，土地を分割する制度が取り入れられていた。これが，図 2 - 28 に示すように「広場村太陽分割制」といわれるものである。この制度は，村民がお互いに相談しあって平等な生存条件のもとで共に生き抜くという生活の仕組みであり，それがスウェーデン人の生活の歴史的な伝統であった。

　こうした生活のなかにキリスト教が伝来し，そのキリスト教のもとに慈善が行われるようになったのである。

(2) スウェーデンの独立と宗教改革

　1521年には，スウェーデンはデンマークを中心とした北欧諸国のカルマン同盟から離脱し，独立を獲得した。そして，グスタフ・ヴァーサー王のもとで宗教改革が行われた。1571年には教会法が制定された。この法律は，教会が救貧の義務を負うことを規定したもので，教区内に居住する者で特に生活に困窮しお互いに扶養できなくなった場合には，教会の運営する慈善施設や救貧院に収容することとなった。

(3) 救貧法と改正救貧法

　17世紀から18世紀前半にかけて，次第にそれまでの土地制度が変化し，王や領主また貴族たちによる大土地所有が行われるようになった。そのため農家の貧窮化が激しくなり，都市へ流れて浮浪貧民となる者が増大した。

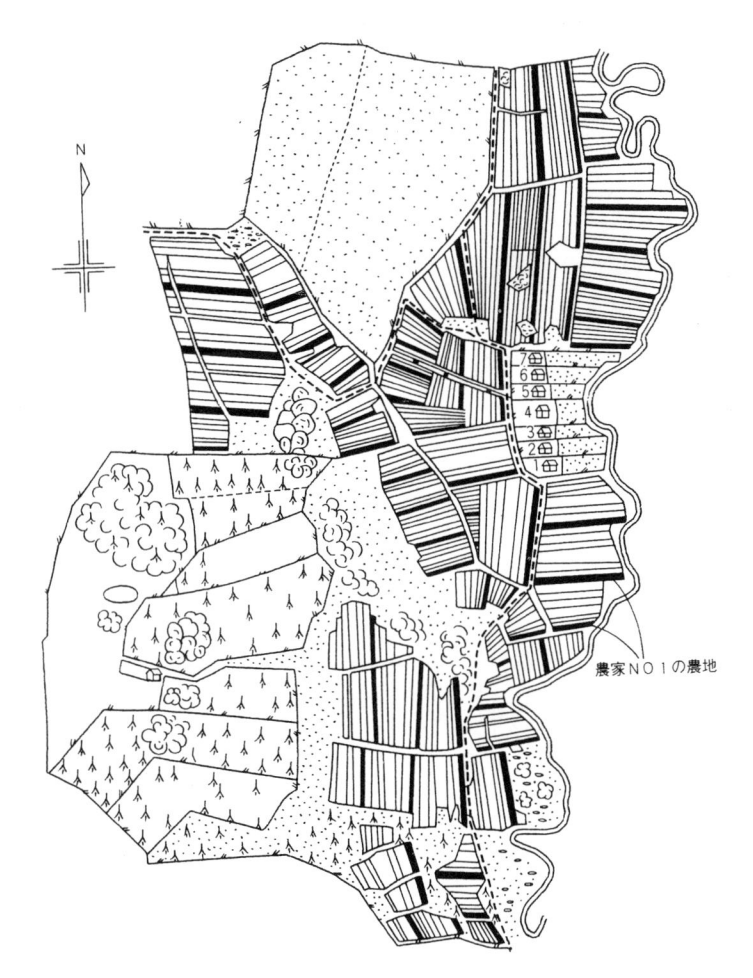

農家No.1の土地は上の絵の黒い紐状のように分布している。また他の農家の土地も，各場所で日照が受けられよう分けられている。つまり，日の当たる時間を各家庭が共に同じように分かち合うことができる。

図2-28　スウェーデンの広場村太陽分割制
(水津一朗『ヨーロッパ村落研究』地人書房，1976)

こうした状況のなかで，1763年には救貧法が制定された。この法律は教会法から分離したものである。この救貧法では，住民が救貧税を納めることと，貧民への救助はその教区内の人々の義務であることが規定された。

1846年にはギルド制の廃止により急速に資本主義化が進み，都市化工業化も進んだ。一方では，人々は職業の自由を確保することとなり，農村の貧窮な人々が農村を逃れて都市に流入することに拍車をかけることとなった。

こうした救貧者の増大に対して，1871年にそれまでの救貧法が抜本的に改正された（表2-26）。内容はそれまでと比較して，大変厳しいものだった。たとえば，救貧法の対象者は原則として，15歳以下の児童および病者，廃疾者に限られた。彼らは原則として，各市町村の救貧院や労役場あるいは救貧農場に収容され，子どもや病人であるにもかかわらず，働ける限り強制的に働かせることが規定されていた。

また，一方で働く能力はあるが，職場がない者は改正救貧法の該当者ではなかったため，彼らの多くは生活苦のなかで，アメリカへ職を求めて移民していった。1850年から1930年の間に120万人の人々がアメリカへ移住したという記録が残っている。

2）慈善・救貧批判から社会事業へ

(1) 慈善から社会事業への脱皮

工業化の進展に伴い，都市人口は1880年から1920年にいたる40年間で，全人口の14％から29％へと倍増した。そして，劣悪な労働条件のもとで，生活困窮者が都市にあふれた。こうした浮浪者を取り締まるために，1885年には浮浪者取締法が実施されたが，救いを求める貧窮者は増加する一方だった。その結果，教会の慈善事業が復活することとなった。

しかし，生活困窮者に対する慈善は信仰や善意に基づいてなされるのだが，それは行う側が一方的に行うと強制となる。また，受ける側は苦痛以外

表2-26　1871年改正救貧法の要点（スウェーデン）

(1) 働けるものは働く。
(2) 職のないものは，救貧農場や授産場で働かせる。
(3) 浮浪者は処罰する。

（一番ヶ瀬康子『新・社会福祉とは何か』ミネルヴァ書房，2001）

図2-29　1885年当時の職人学校の点字の授業

(同上)

図2-30　1886年創設の知的障害者施設

(同上)

第2節　社会福祉のあゆみ——欧米編

の何ものでもなくなる。そして、そこには与える者と受け取る者という上下関係が起こる。こうした、慈善に対する批判を受けて、スウェーデンは社会事業へと脱皮することとなった。

　まず第1に、それまで病人も子どもも老人も一緒の施設に収容されていたが、それを改めることとなった。そして、1918年には救貧法が改正となり、それまでの救貧院は、老人ホーム、養護ホーム、病人収容施設などに分類されることとなった。「老人ホーム」という言葉がはじめて公式に使用されたのがこの法律だった。また、それまで認められなかった居宅保護が、大幅に認められることとなった。

　こうして、この時期は貧窮な人々のことを専門的に考え、そして科学的にその要求や原因をとらえて、できる限りその人が自ら自立するように、教育や医療など予防性を考えた活動を組み込む社会事業が開始された（図2-29、図2-30）。

(2)　「胎児から天国まで」をめざして

　1929年に始まった世界大恐慌の嵐は、スウェーデンにも襲いかかった（図2-31）。1932年には労働者全体の22.4％が失業者となった。この年、労働運動や生活協同組合運動を背景として、社会民主党が政権を獲得した。

　社会民主党のハンソン首相はスウェーデン型福祉社会建設のヴィジョンを「国民の家」という言葉で表現した。この「国民の家」とは、胎児から天国までの人生のあらゆる段階において、すべての市民（労働者、女性障害者、高齢者等）が必要に応じて豊かな生活が実現できるよう、市民が幸福を追求する可能性を提供することを意味したものである。

　この当時、国民は日常生活の厳しさから、特に出生率が史上最低となり、スウェーデン民族の危機が叫ばれた。そこで、1935年に王立人口問題委員会を通じて、これからのスウェーデンのあり方が検討された。

　その人口問題委員会の委員長は、アルヴァ・ミュルダール夫人（Alva

図2-31

1910年代から20年代にかけて働くものの,生活苦は著しかった。上の写真は,ネズミを捕えてそのネズミを持って,市役所からお金をもらい,その日の糧をうる人たち。
（一番ヶ瀬康子『新・社会福祉とは何か』ミネルヴァ書房, 2001）

図2-32　スウェーデンの社会建設に尽くしたミュルダール夫妻
（同上）

第2節　社会福祉のあゆみ——欧米編

Myrdal）であった。彼女の夫は社会民主党の大蔵大臣としてリーダーシップを発揮し，後にノーベル賞を受賞したグンナ・ミュルダールである。夫妻は，積極的に社会民主党のリーダーとして活躍することになる（図2-32）。

この時期のスウェーデンの社会福祉は，イギリスをはじめ多くの国々がその対象を貧窮者としているのに対して，労働者・中産階級の人々を対象としている点に特徴がある。

3）福祉国家の確立
(1) 老人ホームからケア付き住宅へ

1930年代の政治変革以後，スウェーデンの社会福祉は雇用政策を前提に所得保障，住宅保障を基本として，健康で文化的な生活が保障されるための努力が積み重ねられ，「胎児から天国まで」の福祉国家を成立させるための社会福祉政策を確立させていった。そして，1950年代には，所得保障と住宅保障が整備されることとなった。

1960年代からのスウェーデンは，「黄金と繁栄の時代」と呼ばれる高度成長期を迎え，特に自立に限界のある人々に対する援助サービス（ホームヘルプサービスやリハビリテーションなど）の充実が急速に進んだ。

具体的には，1964年よりホームヘルプサービスに対して国庫補助が行われた。また，障害をもつ高齢者のためのケア付き住宅の建設も始まった。社会民主党政権は，「1990年までに老人ホームを廃止する」という方針を打ち出し，老人ホームからケア付き住宅への転換が図られることとなった。

(2) ノーマライゼーションと社会サービス法

こうした，積極的な福祉政策が展開された背景には，ノーマライゼーションの原則がスウェーデンの社会福祉制度の基本原則となっていたからである。これは，その人がどのような身体的，心理的，社会的障害をもっていようとも，その人が通常にその人生を送れるよう環境を整備すれば，共に生き

表2-27 スウェーデンの社会福祉に関する法律等の流れ（その1）

1521年	デンマークから独立
1523年	グスタフ・ヴァーサー王 宗教改革（ルター派を国教とした）
1571年	アルムズハウス（施療院）による慈善事業の始まり
1686年	教会法のなかに「教区は貧民を救済する義務がある」ことを規定 教会法のなかに貧民を救済するための費用としての課税・寄付に関する規定の付加
1763年	救貧法の成立
1847年	定住法の廃止
1853年	救貧制度の体系化
19世紀半ば	産業革命が起こる
1867～68年	大凶作。アメリカへの移住が始まる（1914年までに約120万人）
1871年	改正救貧法の成立
1885年	浮浪者取締法
1880～1920年	スウェーデンの全人口に占める都市の人口が14%から29%へと増加する
1889年	社会民主党の結成
1891年	健康保険法
1901年	労働者災害補償法
1902年	里子法
1913年	年金制度成立（救貧法の対象となっている老人の数が減少）
1918年	救貧法の改正
1919年	婦人参政権の確立
1920年	ウプサラにホームヘルパー養成校
1924年	児童保護法
1928年	社会民主党のハンソン氏，国会で「国民の家」という社会建設のヴィジョン発表
1930年	知的障害者施設の設立
1930年代	スウェーデンの人口増加率最低
1932年	世界恐慌の影響を受け，全労働者の22.4%が失業 社会民主党単独内閣成立。失業対策・住宅政策・家族政策の推進
1935年	国会に人口問題委員会成立 国民年金法（積立方式から賦課方式に）
1930年代後半	無料出産，母子福祉センターでの無料検診，新婚世帯に対する国庫貸付け，学校給食への国庫補助，有子家庭への住宅政策
1938年	サルツショバーデン協定
1945年	住宅建設始まる

第2節　社会福祉のあゆみ——欧米編

合う，そしてお互いに生活し，労働し，成長していくことができるという確信に基づいたものだった。特に，1982年の社会サービス法は，ノーマライゼーションの具体化を法制化したものといわれている。この法のもとで，さまざまな試みが展開されることとなった。

特に，障害があり在宅での生活が困難となった高齢者には，「特別な住まい」を提供することを義務づけた。「特別な住まい」とは，老人ホーム，ナーシングホーム，痴呆性高齢者のためのグループホーム，サービスハウスをさす。こうした住宅を施設と呼ばず，「特別な住まい」と呼ぶことができるのは，住み慣れた自宅の延長として，今までの生活が継続して送れるような配慮がそれぞれの住宅に施されているからである。たとえば，使い慣れた家具を置くなどがその一例である（図2-33，図2-34）。

1992年にはエーデル改革が実施された。この改革は，高齢者の3原則として「安全，安心感」「人格の尊重」「選択の自由」を挙げ，高齢者が住み慣れた環境での生活を可能にし，24時間体制の医療と福祉の統合を図ったことにより，高齢者自身の自己決定による自立した生活を以前にも増して保障しようとするためのものだった。

なお，スウェーデンの社会福祉のあゆみを，表2-27にまとめた。

(3) 福祉国家スウェーデン

スウェーデンの社会福祉に対する考え方は，「暮らしの知恵の社会化」といわれている。これは，イギリスが社会保障によって一定のレベルから国民が脱落することを防ぐという努力に目標をおいた「社会保障国家」であるのに対して，スウェーデンはすべての国民のより高い生活水準を目指して，国民全員を対象とした"平等性""普遍性"を追求した「福祉国家」であることを示している。

表2-27 スウェーデンの社会福祉に関する法律等の流れ（その2）

1946年	新国民年金法（年金額が3倍になる）
	強制疾病保険制度
	国民健康保険法の成立→1955年施行
1947年	老人ホーム救貧対策の対象ではなくなり，普通の高齢者のための食事付きホームとなる
	児童福祉法
1948年	新たな住宅政策（2人以上の子どものいる世帯と年金の不十分な高齢者世帯に家賃補助）
1949年	作家イーバル・ローヨハンソンの写真集『老い』が，老人ホームの雑居部屋，老人の孤独を取り上げ，ベストセラーとなる。
1950年前後	高齢者福祉の夜明け（高齢化率が10％を超えた）
1952年	作家イーバル・ローヨハンソン『老後のスウェーデン』を著す
1953年	老人ホーム建設のための国庫補助の導入
1954年	節酒法
	高齢者のための住宅手当の支給
	知的障害者の教育と保護に関する法律
1955年	公的扶助法
1957年	社会問題審議会において高齢者と障害者の住宅問題が取り上げられた
	→1967年，高齢者（ケア付き）住宅が5,300戸となった
1958年	年金増額10カ年計画の策定
1960年	国民付加年金法／児童・青少年福祉法
1960年代	工業の発達によって労働力が不足→女性が労働市場に進出。外国からの移民（1980年代には110万人）
1962年	国民保険法（国民健康保険法，国民基礎年金法，国民付加年金法の統合）
	市町村による「高齢者福祉計画」がたてられる（高齢化率13％）
1964年	ホームヘルプに対して国庫補助がなされる
1968年	知的障害者援護法（ノーマライゼーションの考え方が法文化される）
1970年代半ば	量的に住宅不足解消。その後はバリアフリー化される
1976年	部分年金制度の創設
1977年	幼児保育法（公立保育所の増加）
1980年	社会サービス法（節酒法，公的扶助法，児童・青少年福祉法，幼児保育法の統合）
1985年	知的障害者等特別援護法（グループホームが主流）
1992年	エーデル改革
1994年	機能障害者を対象とする援助およびサービスに関する法律
	介護手当に関する法律

(山田美津子『社会福祉のあゆみ——欧米編——』一橋出版, 1999)

研究課題

- 高齢者の方から彼らの若い頃の話（学校・仕事・育児・戦争等）を聞いて，その頃，社会事業や社会福祉をどのように考えていたか聞いてみましょう。
- 私達の生活する地域で活躍している民生委員の役割や具体的な仕事の内容がどのように変わってきたかを調べてみましょう。
- 社会福祉の歴史を学ぶとき，日本が諸外国から学んだ点を確認しましょう。

さらに学びを深めるために

書　籍

- 山口昌男監修『教育・福祉人物事典』日本図書センター，2000
- 一番ヶ瀬・花田編『日本の福祉 5』日本図書センター，1999
- 一番ヶ瀬康子『アメリカ社会福祉発達史』光生館，1989
- 一番ヶ瀬康子編著『新・社会福祉とは何か』ミネルヴァ書房，2001
- 遠藤興一『史料でつづる社会福祉のあゆみ』不昧堂出版，1992
- 高島進『社会福祉の歴史』ミネルヴァ書房，1995
- 山田美津子『社会福祉のあゆみ——欧米編——』一橋出版，1999
- 鈴木依子『社会福祉のあゆみ——日本編——』一橋出版，2000
- 百瀬孝『日本老人福祉史』中央法規出版，1997

ビデオ

- 小笠原祐次企画『高齢者福祉の歴史 1～10』テック映像アカデミー
- 『死線を越えて，賀川豊彦物語』現代ぷろだくしょん製作

図2-33 ストックホルム市のあるサービスハウスに住む高齢者
（奥村芳孝『スウェーデンの高齢者福祉最前線』筒井書房，1995）

図2-34 グループホームの食堂兼居間。家庭的な環境が入居者を生き生きさせる
（同上）

第3章

社会福祉の仕組みと拡がり

　介護などの福祉サービスは，高齢者，障害者等にかかわる制度と深い関係があります。そのサービスを有効にするために，現在の社会福祉の制度をしっかりと学びましょう。
　そして，社会福祉の制度を支える関連領域にも目を向けましょう。
　制度の実施・運営には行政組織と，その基盤となる財源の確保が必要となります。そこで，行政組織および財源についても理解しましょう。
　社会福祉にはさまざまな分野があります。それぞれの分野の理念や生まれてきた背景，代表的な施策についても学びましょう。

第1節
社会福祉の主要な法律

1．法体系が整備されるまで

　現在の社会福祉関係法制については，図3-1の通りである。このような法体系になるまでの経緯を簡単にまとめてみる。

1) 昭和20年代の福祉三法
　第二次世界大戦後，日本国憲法第25条によって社会福祉は国民の基本的人権となり，社会福祉の向上に対して国の責務があることを明らかにした。これに伴い，社会福祉に関する法律や制度が整備されていった（図3-2）。
　まず，児童福祉法（1947年），身体障害者福祉法（1949年），生活保護法（1950年，旧生活保護法は1946年）が制定され，「社会福祉三法」として位置づけられた。

2) 昭和30年代の福祉六法
　さらに，対象者別の法整備が進み，知的障害者福祉法（1960年，制定時は精神薄弱者福祉法），老人福祉法（1963年），母子及び寡婦福祉法（1964年，制定時は母子福祉法）が制定され，すでにある社会福祉三法と合わせて「社会福祉六法」と呼ばれ，社会福祉の主要な法律に位置づけられた。

3) 精神障害者の福祉の法律
　障害者分野における福祉に関する制度がとりわけ遅れていたのは精神障害

```
生活保護法          1950 (昭25)
児童福祉法          1947 (昭22)
母子及び寡婦福祉法   1964 (昭39)
老人福祉法          1963 (昭38)
身体障害者福祉法     1949 (昭24)
知的障害者福祉法     1960 (昭35)
精神保健及び精神障害者福祉に関する法律  1950 (昭25)

社会福祉法 (2000年)
```

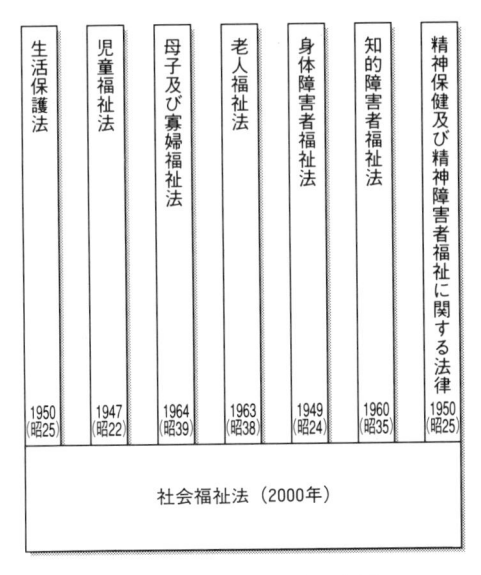

図3-1　社会福祉法制の概要

(『厚生白書』平成12年版を一部加筆修正)

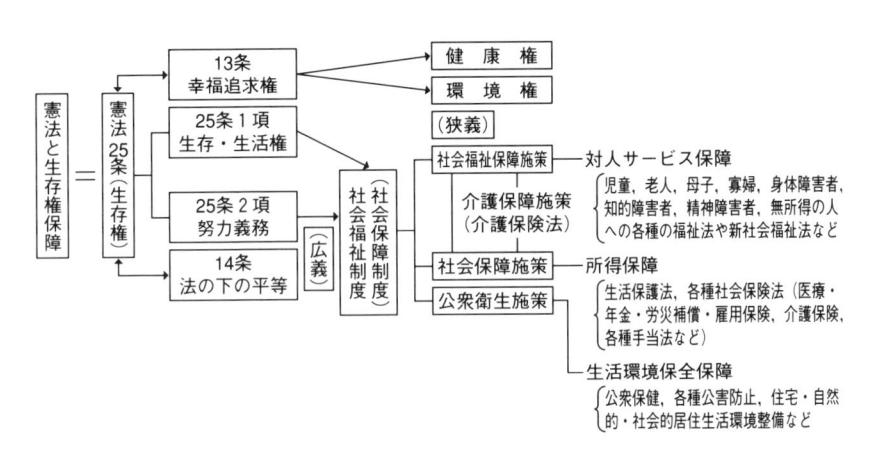

図3-2　憲法と生存権保障とその施策体系

(佐藤進作成,『NHK社会福祉セミナー』2001年4月～7月)

第1節　社会福祉の主要な法律

者であった。

　1950年の精神衛生法は，精神障害者に対する適切な医療・保護の機会を提供する目的として制定された。その後，医療とともに社会復帰施設（リハビリテーション）の必要性が明らかになり，1987年に精神保健法に改正された。また，1993年の障害者基本法の成立により，精神障害者に対する福祉施策の充実が求められるようになり，1995年には精神保健及び精神障害者福祉に関する法律（精神保健福祉法）として制定された。

4）社会福祉法

　戦後社会福祉事業の全分野における共通する事項を定めた社会福祉事業法（1951年制定）を大幅に変えたものが，社会福祉法（2000年）である。

　改正点は，1つには，社会福祉サービスの利用にあたり，措置制度を契約制度に転換し，地域福祉権利擁護制度や苦情解決の仕組みを導入すること。2つには，サービスの質の向上として，第三者機関のサービス評価や事業運営の透明性を確保すること。3つには，社会福祉事業の充実や活性化として，社会福祉事業の範囲拡大や社会福祉法人に関する規制緩和を行うこと。4つには，地域福祉の推進では，社会福祉協議会を地域福祉の推進役として位置づけ，共同募金配分の透明性を確保することを明らかにしている。

2．社会福祉の主な法律

1）生活保護法（1950年制定）

　この法律の目的は，「日本国憲法第25条に規定する理念に基き，国が生活に困窮するすべての国民に対し，その困窮の程度に応じ，必要な保護を行い，その最低限度の生活を保障するとともに，その自立を助長する」（第1条）ことである。

その原理とは，1つには国家の責任による最低生活保障を規定している。2つには，人種，信条，性別，社会的身分や生活困窮に陥った要因によって差別されることなく保護を受けることができる。3つには，日本国憲法第25条に規定されている「健康で文化的な最低限度の生活」の水準と内容を規定している。4つには，生活に困窮する者が保護を受ける際には，その利用し得る資産や能力の活用，扶養の優先，他の法律や制度を優先するなど，そのもてる能力などを最善に活用することが規定されている。

2）児童福祉法（1947年制定）

この法律の理念は，「すべて国民は，児童が心身ともに健やかに生まれ，且つ，育成されるよう努めなければならない。すべて児童は，ひとしくその生活を保障され，愛護されなければならない」（第1条）とある。そして子どもの保護者とともに，国や地方公共団体は子どもの心身の健全育成に対して，責任をもつことが明らかにされている。

この理念は，子どもに関するその他の法律（児童手当法，児童扶養手当法，特別児童扶養手当等の支給に関する法律など）の実施にあたっても，常に尊重されなければならない。

また，1989年に国連総会で採択された「児童の権利に関する条約」（子どもの権利条約）について，日本も1994年にこの条約を批准している。子どもの権利条約と児童福祉法が関連づけられて，わが国の子どもの人権が保障されなくてはならない。

3）母子及び寡婦福祉法（1964年制定時は母子福祉法）

わが国では，女性が就労することは困難であり，そのうえ年齢が高くなるにつれてさらに厳しくなる。また，就労しても男女の賃金格差のある職場が多い。そのようななかで，母親が子どもを養育しながら生活をすることは，

就職問題や低い収入，住まいの問題，母子の健康問題，子どもの養育といった生活問題に直面する。

したがって，この法律の目的は，「母子家庭及び寡婦の福祉に関する原理を明らかにするとともに，母子家庭及び寡婦に対し，その生活の安定と向上のために必要な措置を講じ，もつて母子家庭及び寡婦の福祉を図ること」（第1条）である。

4）老人福祉法（1963年制定）

この法律は，わが国が高齢化社会を迎えるまえに制定されている。

この法律の目的は，「老人の福祉に関する原理を明らかにするとともに，老人に対し，その心身の健康の保持及び生活の安定のために必要な措置を講じ，もつて老人の福祉を図ること」（第1条）である。さらに基本的理念として，「老人は，多年にわたり社会の進展に寄与してきた者」「豊富な知識と経験を有する者」として，「敬愛」され「生きがいを持てる健全で安らかな生活を保障される」とある。

現在のわが国は高齢社会になり，さらに近い将来には超高齢社会になると叫ばれているなかで，高齢者が「敬愛」され「生きがいの持てる」「健全で安らかな生活」が保障されているといえるのだろうか。

5）身体障害者福祉法（1949年制定）

この法律の目的は「身体障害者の自立と社会経済活動への参加を促進するため，身体障害者を援助し，及び必要に応じて保護し，もつて身体障害者の福祉の増進を図ること」（第1条）である。そして，身体障害者は積極的にその障害を克服する努力をしたり，活用できる能力を使い，社会活動や経済活動に自ら参加する機会をつくるようにすることが明らかにされている。

他方で，身体障害者が社会の一員として社会，経済，文化のあらゆる活動

に参加する機会がもてるように，社会がその機会を確保することも明確にしている。

6）知的障害者福祉法（1960年制定時は精神薄弱者福祉法）

この法律の目的は「知的障害者の自立と社会経済活動への参加を促進するため，知的障害者を援助するとともに必要な保護を行い，もつて知的障害者の福祉を図ること」（第1条）である。

知的障害者も身体障害者と同様に，自立への自己努力と社会が機会を確保することを明示している。

知的障害者福祉法は，身体障害者福祉法よりほぼ10年遅れて制定された。

7）精神保健及び精神障害者福祉に関する法律（1950年制定時は精神衛生法）

1995年に精神保健法が一部改正されて，精神保健及び精神障害者福祉に関する法律となり，精神障害者の福祉に関する法律が整備された。わが国において，障害者福祉のなかでは精神障害者の福祉対策が一番遅れていた。

この法律の目的は「精神障害者の医療及び保護を行い，その社会復帰の促進及びその自立と社会経済活動への参加の促進のために必要な援助を行い，並びにその発生の予防その他国民の精神的健康の保持及び増進に努めることによつて，精神障害者の福祉の増進及び国民の精神保健の向上を図ること」（第1条）である。国や地方公共団体は，医療施設，社会復帰施設，福祉施設，教育施設などにおいて，精神障害者の医療や保護あるいは保健や福祉に関する施策を総合的に実施するように努力することを明らかにしている。

また，国民の義務として，精神障害者に対する理解を深めることや，精神障害者が社会復帰をして自立と社会経済活動への参加をする場合には協力するように明示している。

第2節
社会福祉の行財政

1. 国の組織（図3-3）

　1996年以降，わが国は国家行政機能の減量と効率化などの検討を行い，中央省庁の再編を2001年1月に実施した。これに伴い，社会福祉に関する国の行政機関は厚生労働省となった。

　厚生労働省の任務は，「国民生活の保障・向上」とし，あわせて経済の発展に寄与するものとしている。この基本的な任務を達成するために，社会福祉，社会保障，公衆衛生の向上や増進，労働者の労働環境の整備や労働の確保を図るとともに，引揚援護・戦傷病者戦没者遺族などの援護，旧陸海軍の残務整理を行う。

　厚生労働省の組織は，1官房11局8部で編成されている。社会福祉に関する部局は，「雇用均等・児童家庭局」「社会・援護局」とそのなかに設置された「障害保健福祉部」「老健局」である。

　特に「雇用均等・児童家庭局」は，従来の労働省女性局と厚生省児童家庭局を統合したものである。雇用均等政策課，職業家庭両立課，短時間・在宅労働課，家庭福祉課，育成環境課，保育課，母子保健課が設置されている。

　こうしてみると，女性の労働問題と子育て支援のあり方について，従来は労働行政と厚生行政に分けられ，省庁を超えていたので制約があったといえる。しかし，今後は1つの部局で取り組むので，総合的な政策をつくることができる。

　社会・援護局には，総務課，保護課，地域福祉課，福祉基盤課，監査指導

厚生労働省	大臣官房	人事課, 総務課, 会計課, 地方課, 国際課, 厚生科学課
	統計情報部	企画課, 人口動態・保健統計課, 社会統計課, 雇用統計課, 賃金福祉統計課
	医政局	総務課, 指導課, 医事課, 歯科保健課, 看護課, 経済課, 研究開発振興課
	健康局	総務課, 疾病対策課, 結核感染症課, 生活衛生課, 水道課
	国立病院部	企画課, 政策医療課, 経営指導課, 職員厚生課
	医薬局	総務課, 審査管理課, 安全対策課, 監視指導・麻薬対策課, 血液対策課
	食品保健部	企画課, 基準課, 監視安全課
	労働基準局	総務課, 監督課, 賃金時間課, 労働保険徴収課
	安全衛生部	計画課, 安全課, 労働衛生課, 化学物質調査課
	労災補償部	労災管理課, 補償課, 労災保険業務室
	勤労者生活部	企画課, 勤労生活課
	職業安定局	総務課, 雇用政策課, 雇用開発課, 雇用保険課, 業務指導課, 民間需給調整課, 外国人雇用対策課, 労働市場センター業務室
	高齢・障害者雇用対策部	企画課, 高齢者雇用対策課, 障害者雇用対策課
	職業能力開発局	総務課, 能力開発課, 育成支援課, 技能振興課, 海外協力課
	雇用均等・児童家庭局	総務課, 雇用均等政策課, 職業家庭両立課, 短時間・在宅労働課, 家庭福祉課, 育成環境課, 保育課, 母子保健課
	社会・援護局	総務課, 保護課, 地域福祉課, 福祉基盤課, 監査指導課, 援護企画課, 援護課, 業務課
	障害保健福祉部	企画課, 障害福祉課, 精神保健福祉課
	老健局	総務課, 介護保険課, 計画課, 振興課, 老人保健課
	保険局	総務課, 保険課, 国民健康保険課, 医療課, 調査課
	年金局	総務課, 年金課, 企業年金国民年金基金課, 資金管理課, 運用指導課, 数理課
	政策統括官	参事官, 政策評価官
	研究所等(6)	国立医薬品食品衛生研究所, 国立公衆衛生院, 国立社会保障・人口問題研究所, 国立感染症研究所, 国立医療・病院管理研究所, 労働研究所
	国立病院等(218)	国立病院(76), 国立療養所(138), 国立がんセンター, 国立循環器病センター, 国立精神・神経センター, 国立国際医療センター
	検疫所(13)	
	社会福祉施設(10)	国立児童自立支援施設(2), 国立光明寮(4), 国立保養所(2), 国立知的障害児施設, 国立身体障害者リハビリテーションセンター
	社会保障審議会, 厚生科学審議会, 労働政策審議会, 医道審議会, 薬事・食品衛生審議会, 独立行政法人評価委員会, 中央最低賃金審議会, 労働保険審査会, 中央社会保険医療協議会, 社会保険審査会, 疾病・障害認定審査会, 援護審査会	
	地方厚生(支)局(8), 都道府県労働局(47)	
	社会保険庁	総務部 ― 総務課, 職員課, 経理課, 地方課
		運営部 ― 企画課, 医療保険課, 年金保険課
		社会保険大学校, 社会保険業務センター
		地方社会保険事務局(47)
	中央労働委員会	事務局 ― 総務課, 審査第一課, 審査第二課, 審査第三課, 調整第一課, 調整第二課, 調整第三課

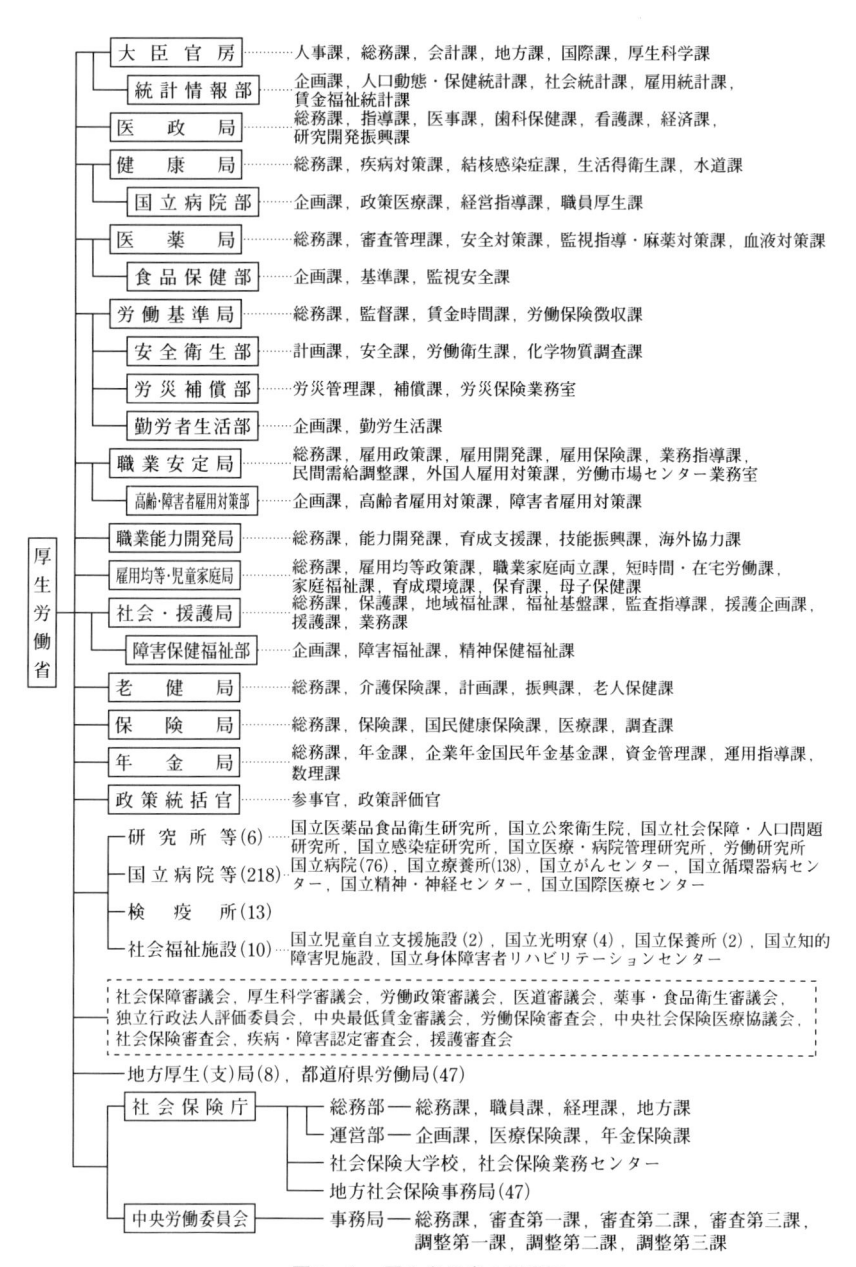

図3-3 厚生労働省の組織図

課，援護企画課，援護課，業務課がある。

障害保健福祉部には，企画課，障害福祉課，精神保健福祉課が設置されている。

老健局には，総務課，介護保険課，計画課，振興課，老人保健課がある。

福祉に関する部局を超えて，職業安定局には，高齢・障害者雇用対策部がある。

また，社会福祉に関する政策の審議をするものとしては，社会保障審議会，厚生科学審議会がある。

2．地方の組織（図3-4）

都道府県においては，民生部，生活福祉部の名称の部局があり，その下に社会課，児童課，福祉課などが設置されている。市町村では，役所や役場に市民課，厚生課，福祉課などがある。

また，都道府県，指定都市，中核市においては，地方社会福祉審議会を設置し，都道府県と指定都市には児童福祉審議会を設けている。

さらに，社会福祉行政を実施するための機関として，福祉事務所，児童相談所，身体障害者更生相談所，知的障害者更生相談所，婦人相談所がある。

1）福祉事務所

福祉事務所は，社会福祉法によって都道府県と市（特別区を含む）に必ず設置されることが定められている。

主な仕事は，生活保護法，児童福祉法，母子及び寡婦福祉法，知的障害者福祉法，身体障害者福祉法，老人福祉法に関する事務を行うことである。

職員は，所長，査察指導員，現業員，事務員が置かれている。特に査察指導員と現業員は社会福祉主事であることが定められている（表3-1，表3-2）。

この他に，身体障害者福祉司，知的障害者福祉司，老人福祉指導主事，家庭児童福祉主事も置かれている。

2）児童相談所

児童相談所は，児童福祉法において都道府県ならびに指定都市に必ず設置されることが定められている。

主な仕事は，子どもに関するさまざまな問題について，家庭やその他からの相談に応じることである。子どもや家庭について，医学的，心理学的，教育学的，社会学的，精神保健的な面から，調査，診断，判定（援助実施について）をする。そして，調査，診断，判定に基づいて，必要な指導を行う。必要に応じては，子どもの緊急一時保護を実施する。

職員は，所長，児童福祉司，相談員，心理判定員，医師（精神科医，小児科医），保育士などが置かれている。

3）身体障害者更生相談所

身体障害者更生相談所は，身体障害者福祉法において都道府県ならびに指定都市に必ず設置されることが定められている。

主な仕事は，身体障害者に対する専門的な知識や技術を必要とする相談を行うことである。身体障害者の医学的，心理学的，職能的な判定（援助実施）や指導を行う。身体障害者更生援護施設への入所や利用に関わる市町村間の連絡調整，市町村に対する情報の提供を行う。その他，必要な援助をする。

職員は，所長，身体障害者福祉司，医師，心理判定員，職能判定員，保健師，看護師が置かれている。

4）知的障害者更生相談所

知的障害者更生相談所は，知的障害者福祉法において都道府県ならびに指

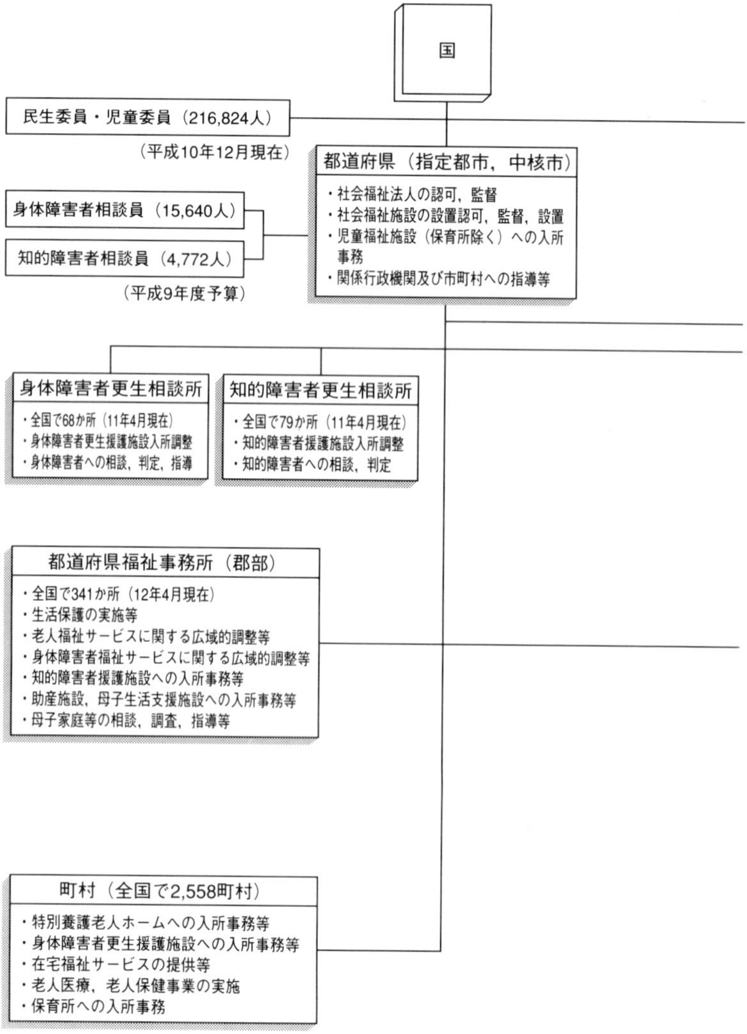
国
民生委員・児童委員（216,824人）
（平成10年12月現在）
都道府県（指定都市，中核市）
・社会福祉法人の認可，監督
・社会福祉施設の設置認可，監督，設置
・児童福祉施設（保育所除く）への入所事務
・関係行政機関及び市町村への指導等
身体障害者相談員（15,640人）
知的障害者相談員（4,772人）
（平成9年度予算）
身体障害者更生相談所
・全国で68か所（11年4月現在）
・身体障害者更生援護施設入所調整
・身体障害者への相談，判定，指導
知的障害者更生相談所
・全国で79か所（11年4月現在）
・知的障害者援護施設入所調整
・知的障害者への相談，判定
都道府県福祉事務所（郡部）
・全国で341か所（12年4月現在）
・生活保護の実施等
・老人福祉サービスに関する広域的調整等
・身体障害者福祉サービスに関する広域的調整等
・知的障害者援護施設への入所事務等
・助産施設，母子生活支援施設への入所事務等
・母子家庭等の相談，調査，指導等
町村（全国で2,558町村）
・特別養護老人ホームへの入所事務等
・身体障害者更生援護施設への入所事務等
・在宅福祉サービスの提供等
・老人医療，老人保健事業の実施
・保育所への入所事務

図 3－4　わが国の社会福祉の実施体制

（『厚生白書』平成12年版）

```
┌─────────────────────┐
│ 中央社会福祉審議会      │
│ 身体障害者福祉審議会   │
│ 中央児童福祉審議会      │
└─────────────────────┘

┌─────────────────────┐
│ 地方社会福祉審議会      │
│ 都道府県児童福祉審議会  │
│ （指定都市児童福祉審議会）│
└─────────────────────┘
```

児童相談所	婦人相談所
・全国で174か所（12年4月現在） ・児童福祉施設入所事務 ・児童相談，調査，判定，指導等 ・一時保護 ・里親／保護受託者委託	・全国で47か所（11年4月現在） ・要保護女子の相談，判定，調査，指導等 ・一時保護

市（全国で671市）
- 在宅福祉サービスの提供等
- 老人医療，老人保健事業の実施

市福祉事務所
- 全国で855か所（12年4月現在）
- 生活保護の実施等
- 特別養護老人ホームへの入所事務等
- 身体障害者更生援護施設への入所事務等
- 知的障害者援護施設への入所事務等
- 助産施設，母子生活支援施設及び保育所への入所事務等
- 母子家庭等の相談，調査，指導等

福祉事務所数
（平成12年4月現在）
```
        郡部    341
        市部    855
        町村      4
        合計  1,200
```

福祉事務職員総数　6万910人
（平成11年10月現在）

第2節　社会福祉の行財政

定都市に必ず設置されることが定められている。

　主な仕事は、知的障害者に関する問題について、家庭などからの相談に応じることである。18歳以上の知的障害者の医学的、心理学的、職能的な判定（援助実施）や指導を行う。

　職員は、所長、医師、知的障害者福祉司、心理判定員、看護師が置かれている。

5）婦人相談所

　婦人相談所は、売春防止法において都道府県に必ず設置されることが定められている。

　主な仕事は、性格や行動あるいは環境から、売春を行うおそれのある女子（要保護女子という）に関する問題について相談に応じることである。要保護女子やその家庭について、必要な調査を行ったり、医学的、心理的、職能的な判定（援助実施）や指導を行う。必要に応じては、要保護女子を一時保護する。

　職員は、所長、婦人相談員が置かれている。婦人相談員は、社会的信望があり、要保護女子について、その発見に努めたり相談に応じて必要な指導をする熱意と識見をもっている者を知事または市長が委嘱する。非常勤職として位置づけられている。

3．国の社会福祉財政

　わが国の社会福祉に関する予算は、社会保障関係費のなかに位置づけられている。その社会保障関係費は、税金などを財源にする国の一般会計でまかなわれている。一般会計の主なものは、社会保障関係費、文教および科学振興費、防衛関係費、公共事業費、国債費、地方交付税交付金など、国の基本

表3-1 福祉事務所の職種別職員の状況

平成10年（'98）10月1日現在

	総数	郡部	市部
所　　　　　　　　長	1 198	340	858
次　　　　　　　　長	596	208	388
課　　　　　　　　長	2 840	713	2 127
（査察指導員兼任）	374	302	72
（兼任していない者）	2 466	411	2 055
係　　　　　　　　長	8 048	932	7 116
（査察指導員兼任）	2 169	397	1 772
（兼任していない者）	5 879	535	5 344
査察指導員（課長係長以外）	297	97	200
現　業　員　合　計	16 837	2 437	14 400
生　活　保　護　担　当	9 195	1 907	7 288
三　　　法　　　担　　　当	526	526	-
五　　　法　　　担　　　当	6 645	-	6 645
面　接　相　談　員　（専任）	471	4	467
身体障害者福祉司　（専任）	75	11	64
知的障害者福祉司　（専任）	78	29	49
老人福祉指導主事　（専任）	122	12	110
家庭児童福祉主事　（専任）	32	12	20
福　祉　六　法　事　務　職　員	5 963	624	5 339
嘱　　　　　　　　託　　　　　　　　医	2 624	532	2 092

注 1）査察指導員…現業員の指導監督を行う職員
　　2）現　業　員…要援護者の家庭訪問，面接，資産等の調査，措置の必要の有無及びその種類の判断，生活指導等を行う職員
　　3）三 法 担 当…現業員のうち，児童福祉法，知的障害者福祉法，母子及び寡婦福祉法の三法を担当する職員をいう。
　　4）五 法 担 当…現業員のうち，身体障害者福祉法，児童福祉法，知的障害者福祉法，老人福祉法，母子及び寡婦福祉法の五法を担当する職員をいう。

(厚生省「福祉事務所現況調査」)

表3-2 福祉事務所職員の資格保有状況

平成10年（'98）10月1日現在

		総数	郡部	市部
査　察　指　導　員				
	現　　在　　員	2 879	805	2 074
	有　資　格　者　数	2 171	650	1 521
	有　資　格　率（％）	75.4	80.7	73.3
現　　業　　員				
	現　　在　　員	16 837	2 437	14 400
	有　資　格　者　数	10 804	1 918	8 886
	有　資　格　率（％）	64.2	78.7	61.7

(厚生省「福祉事務所現況調査」)

的経費である（図3-5）。

社会保障関係費は，生活保護費，社会福祉費，社会保険費，保健衛生対策費，失業対策費に分けられている（図3-6）。生活保護費は，生活保護制度に関する経費である。社会福祉費は，老人福祉費，身体障害者保護費，児童保護費，児童扶養手当及び特別児童扶養手当等の給付の経費，婦人保護費，社会福祉施設整備費，母子福祉費，国立更生援護機関の経費などにより構成されている。

国の社会福祉財政を検討するには，一般会計歳出予算のうち社会保障関係予算の占める割合を見ていく必要がある。なぜならば，国家の財政事情で社会保障関係費予算は，削減されたり，国の負担割合が低下したりしているからである。かつて「大砲かバターか」という論議がわきおこったように，国家財政に対する防衛関係費と社会保障関係費の負担割合をめぐっての問題がある。また，国家財政緊縮の名のもとに，社会保障関係費を大幅に削減したり，公共事業費と社会保障関係費の負担割合についても議論がされている。

4．地方の社会福祉財政

地方財政は，歳入として主に「一般財源」と「特定財源」から成り立っている。一般財源は使いみちが自由な財源で，地方税と地方交付税があてられる。特定財源は使いみちが決められているヒモつき財源で，国庫支出金，地方債があてられる（図3-7）。

歳出は，「目的別歳出」と「性質的経費」があり，目的別歳出のなかの民生費が社会福祉行政推進のための経費になる。民生費の目的別内訳は，社会福祉費，老人福祉費，児童福祉費，生活保護費，災害救助費で構成されている。民生費の性質別内訳には，人件費（施設関係職員など），扶助費（生活保護制度における生活扶助費，児童手当費など），補助費などがある。

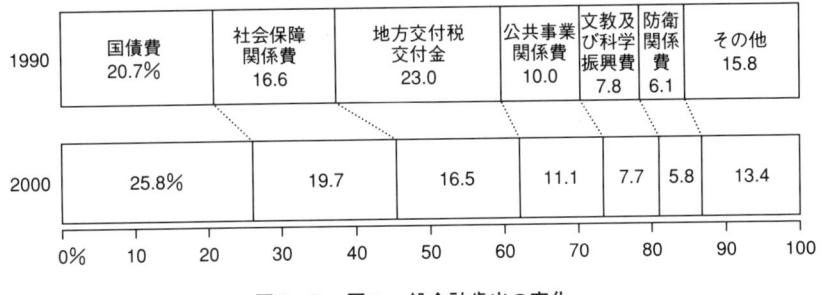

	国債費	社会保障関係費	地方交付税交付金	公共事業関係費	文教及び科学振興費	防衛関係費	その他
1990	20.7%	16.6	23.0	10.0	7.8	6.1	15.8
2000	25.8%	19.7	16.5	11.1	7.7	5.8	13.4

図3-5　国の一般会計歳出の変化

（大蔵省「財政統計」（1999年度および同「2000年度一般会計歳入歳出概算」による。1990会計年度は決算額で，2000会計年度は政府案。『日本国勢図会』国勢社，2000/2001）

年度	一般会計総額に占める割合(%)	社会保障額(億円)	失業対策費	保健衛生対策費	社会保険費	社会福祉費	生活保護費
昭和40年度	14.2	5,184	12.9	17.9	40.4	8.4	20.4
45	14.4	11,413	7.4	12.3	51.5	9.8	19.0
50	18.5	39,282	4.4/7.0		59.3	15.7	13.6
55	19.3	82,124	4.8/4.9		62.2	16.7	11.6
60	18.2	95,740	3.9/4.8		59.1	20.9	11.3
平成2	17.5	116,157	4.8	3.0	61.9	20.7	9.6
6	18.4	134,816	4.9		61.5	23.6	7.8
7	19.6	139,244	4.8		60.8	24.9	7.6
8	19.0	142,879	4.3		59.4	26.6	7.4
9	18.8	145,501	4.1		58.7	27.5	7.5
10	19.1	148,431	3.6	2.2	58.0	28.7	7.2
11	19.7	160,950	3.3	2.1	59.0	28.5	7.3
12	19.7	167,666	3.2	2.3	65.3	21.8	7.3

図3-6　社会保障関係費の推移

（竹内洋編『図説　日本の財政』平成12年度版，東洋経済新報社）

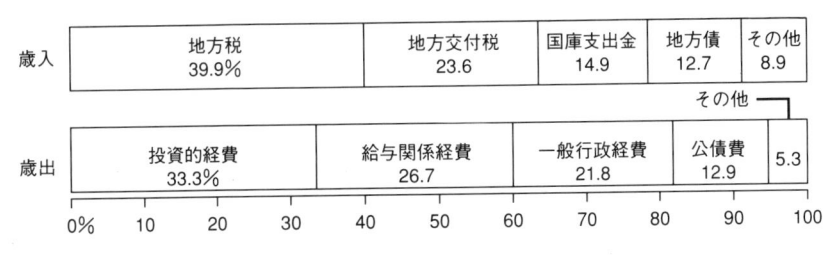

歳入	地方税 39.9%	地方交付税 23.6	国庫支出金 14.9	地方債 12.7	その他 8.9
歳出	投資的経費 33.3%	給与関係経費 26.7	一般行政経費 21.8	公債費 12.9	その他 5.3

図3-7　地方財政の歳入・歳出の構成（1999年度）

（自治省編『地方財政白書』1999年版）

第2節　社会福祉の行財政

第3節
社会福祉の分野

1．社会福祉の分野の構成（図3-8）

　社会福祉の分野の構成としては、まず社会福祉六法に準じるとらえ方がある。この場合は、「生活保護」「児童福祉」「障害者福祉（身体、知的、精神）」「母子及び寡婦福祉」「高齢者福祉」である。

　次に、人間の誕生から死までの生活において、特に生活が困難な状況になりやすい時期と社会的に不利な状況におかれる場合をとらえる。この場合は、「児童福祉」「高齢者福祉」「障害者福祉」「生活保護」「ひとり親に対する福祉」「災害福祉」である。そして、自国だけにとどまるのではなく、地球上の人間のより良い生活の向上や人権の尊重を考えると「国際福祉」も欠かすことができない。

2．児童福祉

　わが国の児童福祉は、戦後の混乱期である昭和20年代は、食糧難のなかで、戦争孤児になった要保護児童の問題や非行児童の問題を中心に、対策が取り組まれてきた。

　やがて、昭和30年代に入って高度経済成長期をむかえ、児童福祉対策も広がりをみせ、障害児、情緒障害児、母子家庭も対象になっていった。

　昭和40年代は、高度経済成長の歪みが国民生活のさまざまな場面に現れた。子どもを取り巻く生活環境も急激に変化するなかで、子どもの健全育成

| 誕生 | 就学前 | 就学期 | 就労期 | 退職後 | 要介護期 | 死亡 |

児童福祉

高齢者福祉

障害者福祉

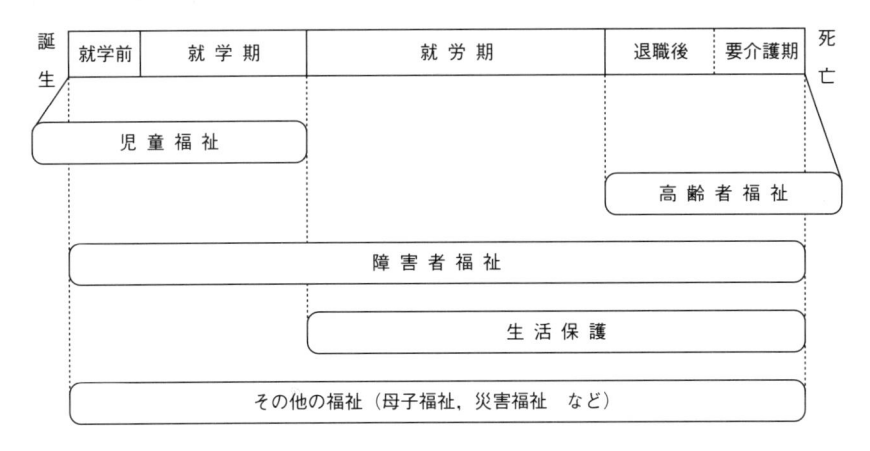

生活保護

その他の福祉（母子福祉，災害福祉　など）

図3-8　社会福祉の分野

が求められ重点対策となった。

　昭和50年代以降は，「いじめ」や登校拒否・不登校の問題，校内暴力や家庭内暴力が頻発したり，働く女性の増加に伴う保育の問題などが顕著になっていく。

　そして，平成以降はわが国の少子化が深刻になり，要保護児童問題や障害児問題だけでなく，地域社会において子どもを育てるための支援が広く求められていく。また，「児童の権利に関する条約」に示されているように，子どもが意見を表明する権利や主体性をもつことは，わが国の子どもに関するあらゆる法律や制度に反映させなくてはならない。

3．高齢者福祉

　昭和40年代に入り，高齢化率の上昇に伴って要介護高齢者の問題に取り組み始めた。この頃は，特別養護老人ホームを建設することが対策の中心であった。しかし，介護を必要とする高齢者の需要に，特別養護老人ホームの

入所できる数，すなわち供給が追いつかない状況が生じる。したがって，入院治療する必要がないのだが，退院した後の条件が整わないために，退院することのできない「社会的入院」が問題となる。

　昭和50年代になると，「社会的入院」を解消するために在宅福祉サービスの種類を増やし，介護が必要であっても在宅で生活できるような対策をたてた。そして，これまでのサービス対象者は所得制限を設けて低所得者が中心であったが，その所得制限をなくし，そのかわり所得に応じた自己負担を導入した。

　加えて老人医療費支給制度（1973［昭和48］年）により，高齢者の医療費が無料化となり，高齢者の適時適切な医療受診になった。しかし一方では，老人医療費の急増を招いているという議論も起こった。そして，1983（昭和58）年2月に，老人保健法の施行により老人医療費無料化は廃止となり，老人福祉制度からも高齢者の医療と保健は別だてとなった。

　昭和60年代には，高齢者の医療については一般の医療制度と切り離され，高齢者が医療を受診しづらくなった。特に「社会的入院」の対策として，「中間施設構想」を打ち出し，老人保健施設の創設が行われた。

　平成に入り，高齢者のひとり暮らしや高齢夫婦世帯の増大，また家族機能が低下するにもかかわらず，介護期間の長期化，在宅介護の重度化，老老介護といった状況を抱え，従来のような老親介護は，「妻」「嫁」「娘」といった家族で担うことが難しい社会となった。こうして，家族に頼らない社会的な介護システムを構築する必要が高まり，介護保険制度の創設となった。介護保険制度は，家族介護を前提にしない在宅介護や在宅福祉を推進していくことができるのであろうか。

　また，介護保険制度で要支援・要介護状態と認定されない高齢者に対する予防的な高齢者福祉サービスの充実を図っていく必要がある。

4．障害者福祉

わが国の障害者福祉対策は，1981（昭和56）年の国際障害者年を契機に前進したといえよう。それまでは，障害者分野のなかでは，まず身体障害者の制度から取り組まれ，次に知的障害者へ，一番遅れていたのが精神障害者の分野であった。

しかし，国際障害者年を受けて昭和58年から始まった「国連・障害者の10年」の成果として，1993（平成5）年に「障害者基本法」（従来は心身障害者対策基本法）が制定された。この法律により，障害者の完全参加と平等の理念が位置づけられ，障害者雇用における民間事業者責務や公共施設のバリアフリー化が新たに規定された。

また，障害者の分野でも施設入所により福祉サービスを利用するということが中心であったが，昭和50年代から少しずつ在宅福祉の施策も増加していく。授産所，共同作業所，グループホーム，ホームヘルプサービス，デイサービス，ショートステイなどが重視されていく。

5．生活保護

生活保護は，日本国憲法第25条にある「健康で文化的な最低限度の生活保障」（生存権）に対する国の責任に基づく制度である。

生活保護の動向をみると，1965（昭和40）年度被保護実人員159万9000人，保護率16.3パーミル（人口千人に対する保護率），昭和55年度被保護実人員142万7000人，保護率12.2パーミル，1990（平成2）年度被保護実人員101万5000人，保護率8.2パーミル，1998（平成10）年度被保護実人員94万7000人，保護率7.5パーミルとなっている。

本来ならば，わが国の社会情勢や経済情勢と密接な関連がある生活保護制度であるのだが，ここ10年ほど続いている不況にあっても，保護率は低下している現実がある。

　昭和50年代半ばの臨調行革以降，生活保護受給をめぐって国は厳しい姿勢をとっていった。国家予算に対する社会保障・社会福祉関係費の縮小でもあった。したがって，生活保護受給に対する「濫救」（最低生活基準以上の者が受給している実態）を厳しく制限していった。そのことにより，生活保護受給により何とか生活が保持できている者に対しても生活保護を廃止する動きがみられたり，「漏救」（最低生活基準以下の者が受給できない実態）も起こった。また，保護期間の長期化傾向と高齢者や障害者世帯に受給者が多くなっている。

6．ひとり親家庭に対する福祉

　わが国の家族形態が多様化するなかで，ひとり親家庭に対する福祉対策の必要性が高まっている。従来は，ひとり親家庭を母子家庭と父子家庭とに分けてとらえ，加えて欠損家庭と呼んでいた。母子家庭は経済的な問題として，父子家庭は家事や育児といった日常生活に関する問題として，福祉対策がとられてきた。

　一方，わが国の社会において，家庭は両親がそろっているものというイメージを強くもち，しかも性的役割分業が固定化されている。したがって，ひとり親になると日常生活に問題が発生しやすくなったり，社会の偏見や差別から孤立化する。そのような意味において，社会は性別役割分業と家族形態に対する意識を変えていくことが求められる。また，両親のいる場合よりも，生活に問題を生じやすいことがありうるという点で，ひとり親家庭の福祉対策がある。

7. 災害福祉

　阪神大震災（1995年）の際に，社会福祉施設が地域住民の避難生活を支援したり，被災した高齢者や障害者を一時保護することを行った。また，被災した高齢者や障害者が仮設住宅で生活する場合に，ケアを提供したり定期的に見まわりをする職員を社会福祉施設が提供することも行った。
　今後，災害が起きたときには，地域において社会福祉施設は避難場所となったり，延焼を食い止める役割になったりできるような設備や機能を位置づけていく必要があろう。

8. 国際福祉

　1つは日本に滞在する外国人に対する社会福祉サービス利用の問題がある。法的に日本滞在を認められている外国人の場合でも，日本人よりも不利な状況になることが多い。さらに，不法滞在の外国人であれば利用できない。そのような場合，自治体に対して社会福祉制度の適用を認めてもらえるよう働きかけをする必要がある。
　2つには，わが国の経済力や技術力を，発展途上国の人々の生活に活かすための資金や人的援助がある。

第4節
社会福祉の関連分野

1．介護保険

　高齢化が進み，要介護高齢者の介護について社会問題となっている。これまでは，老親介護は，家族で解決してきた。しかし，現代社会において，家族では解決できないさまざまな要因が生じてきた。

　その要因は，1つに核家族化，小家族化により，介護を果たす家族機能が弱まったことである。2つには，これまで介護を担ってきたのは女性であったが，その女性の社会進出が進んだことである。3つには，高齢社会になり介護を担う者の年齢が高くなっており，老老介護といった状況になっていることである。4つには，医療技術の向上に伴い，介護期間が長期化していることである。加えて，医療政策上，特に高齢者の入院については短縮化しているので，高度な医療行為を必要としながらも，在宅に戻って生活をする状態が多くなっている。

　したがって，家族介護に任せられない社会になったので，介護の社会化を確立するために，2000年4月より介護保険制度が実施された。

1）介護保険制度のしくみ
　介護保険は，「社会保険方式」により運営される（図3-9）。
⑴　保険者
　国民に最も身近な行政単位である市町村が保険者である。

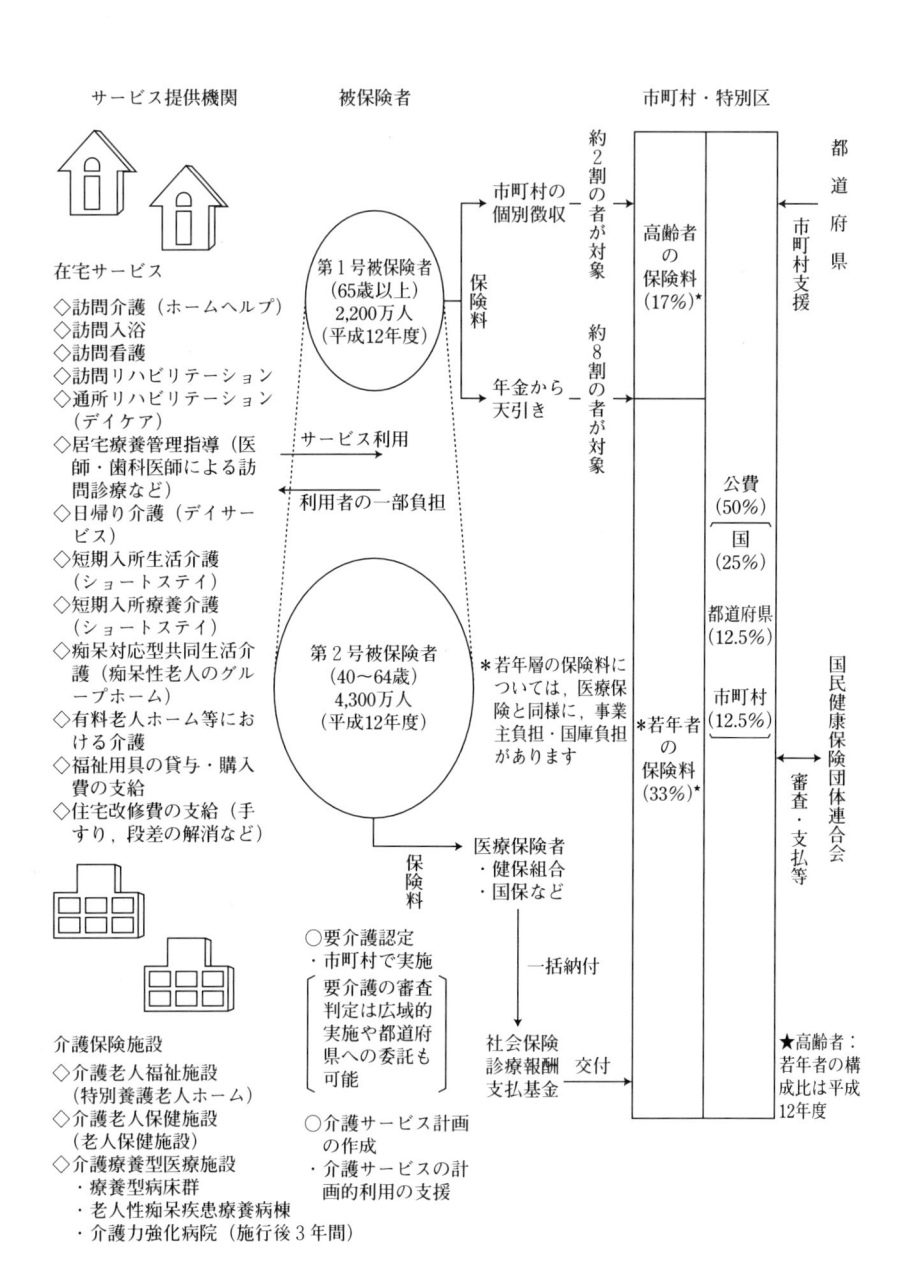

図3-9　介護保険制度のしくみ

(『社会保障入門』平成12年版，中央法規出版)

第4節　社会福祉の関連分野

(2) **被保険者**
・第1号被保険者：65歳以上の者
・第2号被保険者：40歳以上64歳までの者

このように，40歳以上の人が保険料を負担する。保険料の負担については，図3‐10の通りである。

(3) **サービス給付の対象者**
・65歳以上の第1号被保険者は，常に介護が必要な状態（要介護状態）や日常生活に支援が必要な状態（要支援状態）と認定された場合，サービス給付が受けられる。
・40歳以上64歳までの第2号被保険者は，老化に起因する「特定疾患」によって，常に介護が必要な状態（要介護状態）や日常生活に支援が必要な状態（要支援状態）と認定された場合，サービス給付が受けられる。

(4) **サービス給付を利用するまでの手順**

介護保険を申請してから，要介護認定，介護サービス計画作成，介護サービスの利用までの流れは，図3‐11の通りである。

次に，要介護の認定の基準については表3‐3であり，自立と判定された者は，保険給付を利用できない。

(5) **サービス給付の内容**

介護保険制度で利用できるサービスは，在宅サービスと施設サービスに大別できる。

具体的な内容については，表3‐4（p.127）の通りである。

(6) **サービス給付限度額と自己負担**

表3‐3を見るとわかるように，要介護の状態によって介護保険によるサービス給付の支給限度額が決まっている。この限度額の範囲内で，さまざまなサービスを組み合わせることができる。いずれもサービスを利用すると，1割が自己負担になる。

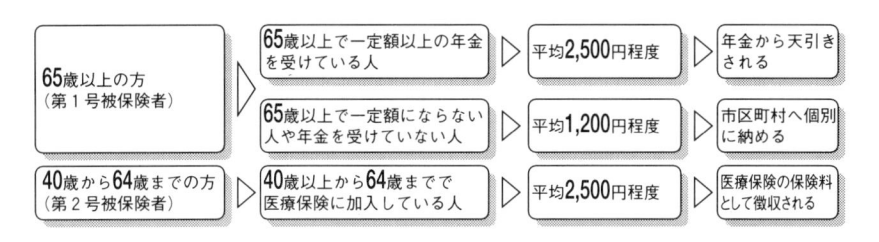

図3-10 保険料の負担

- 65歳以上の方（第1号被保険者）
  - 65歳以上で一定額以上の年金を受けている人 ▷ 平均2,500円程度 ▷ 年金から天引きされる
  - 65歳以上で一定額にならない人や年金を受けていない人 ▷ 平均1,200円程度 ▷ 市区町村へ個別に納める
- 40歳から64歳までの方（第2号被保険者）
  - 40歳以上から64歳までで医療保険に加入している人 ▷ 平均2,500円程度 ▷ 医療保険の保険料として徴収される

(㈱クレシア『よくわかる介護保険』、2000)

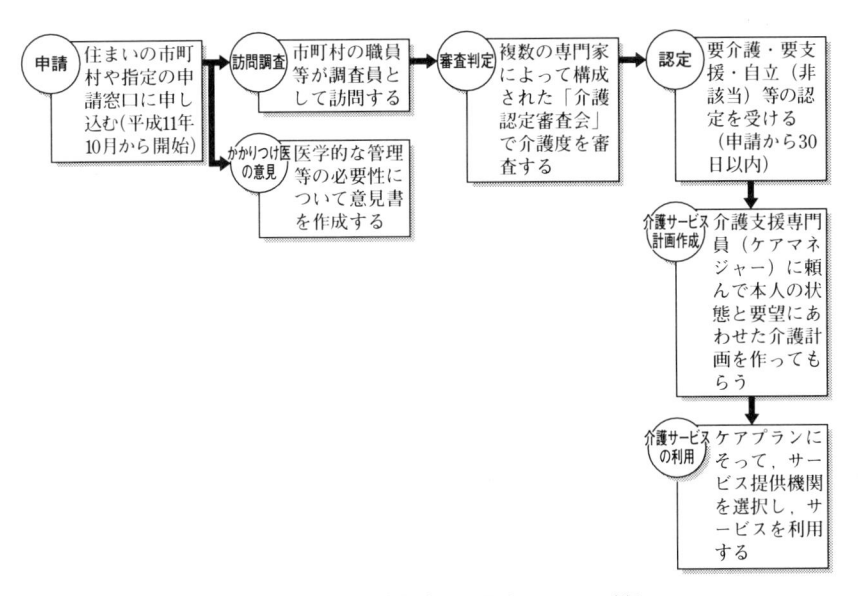

図3-11 介護保険制度を利用するまでの手順

- 申請：住まいの市町村や指定の申請窓口に申し込む（平成11年10月から開始）
- 訪問調査：市町村の職員等が調査員として訪問する
- かかりつけ医の意見：医学的な管理等の必要性について意見書を作成する
- 審査判定：複数の専門家によって構成された「介護認定審査会」で介護度を審査する
- 認定：要介護・要支援・自立（非該当）等の認定を受ける（申請から30日以内）
- 介護サービス計画作成：介護支援専門員（ケアマネジャー）に頼んで本人の状態と要望にあわせた介護計画を作ってもらう
- 介護サービスの利用：ケアプランにそって、サービス提供機関を選択し、サービスを利用する

(同上)

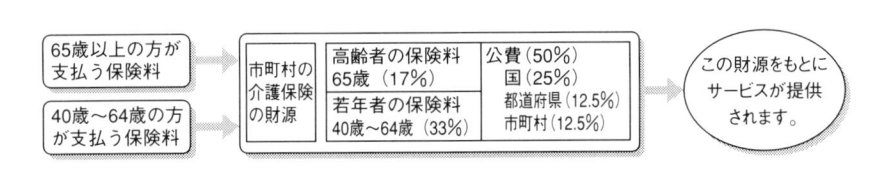

図3-12 介護保険の財源

- 65歳以上の方が支払う保険料
- 40歳～64歳の方が支払う保険料
→ 市町村の介護保険の財源
  - 高齢者の保険料 65歳（17％）
  - 若年者の保険料 40歳～64歳（33％）
  - 公費（50％）
    - 国（25％）
    - 都道府県（12.5％）
    - 市町村（12.5％）
→ この財源をもとにサービスが提供されます。

(同上)

(7) 介護保険の財源

　介護保険の財源については図3‐12の通り，40歳以上の国民から徴収する介護保険料と，国・都道府県・市町村が負担する公費とによりまかなわれている。

2）介護保険制度の問題点

　まず，第1点に，主たる収入源が年金である高齢者にとって，経済的な負担が大きくなったことにある。この負担とは，介護保険による給付を受けなくても毎月の保険料徴収があり，さらに介護保険給付によりサービスを利用した場合，限度額の範囲では1割の自己負担があり，限度額を超えて利用すると全額自己負担になる。

　したがって，介護支援専門員が利用者の状態に合わせたケアプランを作成するのが本来であるが，経済的に厳しい状態で生活をしている利用者は，例えば「1か月3000円しか払えないので，その範囲でプランをたててください」ということも現実に起こっている。

　第2点には，高齢者の要介護認定の方法について問題があげられている。そのうちの1つとしては，家族の状況や住環境などを考慮しないため，実際の高齢者の状態を判定することができないことである。

　たとえば，身体的な障害の状態が同程度の高齢者が，家族と同居している場合とひとり暮らしをしている場合とを検討してみよう。家族と同居の高齢者は本人が「できる」状態であっても，家族が「させない」でいるうちに，本人は「できない」と思い込んでいる。高齢者のひとり暮らしであれば，誰も援助してくれる者がいないので，自分で「何とかやっている」という場合がある。

　また，住環境の違いも大きい。廊下やトイレに手すりがついていれば，移動が自分でできるが，手すりがなければ自分ひとりで移動ができない。身体

表3-3　要介護認定の基準と給付限度額

要介護度		認定の基準	給付	在宅のサービス標準例	平均月額	自己負担額
要介護	5	日常生活を遂行する能力は著しく低下しており，生活全般にわたって全面的な介助が必要。	介護給付	●1日3，4回程度にサービス ・週5回のホームヘルプサービス(滞在型) ・毎日2回，早朝・夜間の巡回ホームヘルプ ・週2回の訪問看護サービス ・週1回のデイサービス ・1カ月に1回程度のショートステイ ・福祉用具貸与(特殊寝台，エアーパッド等)	35万円	3万5千円
	4	日常生活を遂行する能力はかなり低下しており，排泄や入浴，衣服の着脱など全面的な介助，食事摂取に一部介助が必要。		●1日2，3回程度のサービス ・週6回のホームヘルプサービス(滞在型) ・毎日1回，夜間の巡回型ホームヘルプ ・週2回の訪問看護サービス ・週1回のデイサービス ・2カ月に1回程度のショートステイ ・福祉用具貸与(車いす，特殊寝台等)	31万円	3万1千円
	3	立ち上がりや歩行など自力ではできない。排泄や入浴，衣服の着脱などに全介助が必要。		●1日2回程度のサービス ・週2回のホームヘルプサービス(滞在型) ・毎日1回，夜間の巡回型ホームヘルプ ・週1回の訪問看護サービス ・週3回のデイサービス ・2カ月に1回程度のショートステイ ・福祉用具貸与(車いす，特殊寝台等)	26万円	2万6千円
	2	立ち上がりや歩行など自力ではできない場合が多い。排泄や入浴などに一部介助または全介助が必要。		●1日1，2回程度のサービス ・週3回のホームヘルプサービス(滞在型) ・週1回の訪問看護サービス ・週2回のデイサービス ・3カ月に1回程度のショートステイ ・福祉用具貸与(車いす)	20万円	2万円
	1	立ち上がりや歩行などに不安定さがみられることが多い。排泄や入浴などに一部介助が必要。		●1日1回程度のサービス ・週3回のホームヘルプサービス(滞在型) ・週1回の訪問看護サービス ・週2回のデイサービス ・3カ月に1回程度のショートステイ ・福祉用具貸与(車いす)	17万円	1万7千円
要支援		立ち上がりや歩行などに不安定さがみられることが多い。排泄や入浴などに一部介助が必要。	予防給付	●週2，3回程度のサービス ・週2回のデイケア ・6カ月に1回程度のショートステイ ・福祉用具貸与(歩行器)	6万円	6千円
自立		「要介護」「要支援」および元気なお年寄り		介護保険制度ではなく保健福祉事業としてある ・介護の方法の指導 ・要介護状態になることの予防 ・利用者負担に対する資金の貸付 ・家族リフレッシュ事業		

(㈱クレシア『よくわかる介護保険』)

が不自由であっても，ベッドを使用するのとしないとでは，起居動作の自立度に違いが生じてくる。

　その他には，要介護認定をするために使うコンピュータソフトに問題があるという指摘もある。

　第3点は，自分でサービスを選択することになり，自分の責任で契約を行う。特に，痴呆状態の高齢者が，自己の責任により施設サービスや在宅サービスを選ぶことは困難である。また，実際に利用しているサービスが適切な内容であるかを第三者が評価する組織も不十分である。したがって，痴呆の症状があったり身体的な障害を伴う高齢者の人権を守るための社会的なシステムを充実させなければならない。

2．教　　育

　子どもの発達，人間形成において学校教育は重要である。特にわが国でも子どもの権利条約を批准した（1994年）ので，学校教育においても子どもの人権が守られなくてはならない。

　しかし，現実には学校におけるいじめはいっこうになくならず，登校拒否や不登校の児童・生徒も年々増加している。また日本経済の不況が長引くなかで，授業料が払えないために高等学校を中退する生徒も増えている。このように，子どもの教育を受ける権利が奪われている。

　子どもがその発達段階に応じた人間らしい生活環境をつくっていくには，学校教育が地域社会や家族を巻きこんでいかねばならない。しかし，その役割を果たすはずの学校が管理教育を強め，また受験戦争の激化により偏差値教育が進むなかにあって，子どもたちは「輪切り」どころではなく「みじん切り」にされている。そして，子どもたちは低年齢の頃から「落ちこぼれ」や「あきらめ」の気持ちを抱き，学校を楽しめない状況になっている。

表3-4　介護保険制度で利用できるサービス

在宅サービス	●**訪問介護（ホームヘルプサービス）**　寝たきりや障害・痴呆があるために家事や身の回りの世話が必要になったとき，ホームヘルパーが訪問する。 ●**訪問看護**　治療が必要な場合に，看護婦等が居宅を訪問してお世話や必要な診療の補助を行う（治療の必要の程度が定められている）。 ●**訪問入浴介護**　家庭の浴槽で入浴することが難しい場合や施設での入浴が難しい場合は，居宅を訪問して浴槽を持ち込み介護を行う。 ●**訪問リハビリテーション**　理学療法士や作業療法士などが居宅を訪問して，心身の機能回復を図り，日常生活の自立を助けるために行われる。 ●**居宅療護管理指導**　利用者が医療が必要となったときに，医師・歯科医師・薬剤師などが居宅を訪問し，療護上の管理や指導を行う。 ●**短期入所生活介護**　家族が病気などで介護ができなくなったときに，特別養護老人ホームに一時入所させて日常生活の世話や機能訓練を行う。 ●**短期入所療護介護**　家族が病気などで医療やリハビリが必要なお年寄りの介護ができなくなったときに，老人保健施設や病院などに一時入所させて看護婦と医師の管理のもとで日常生活の世話や機能訓練を行う。 ●**通所介護（日帰り介護・デイサービス）**　利用者が日帰りで特別養護老人ホームのサービスを利用し，送迎・機能訓練・給食・入浴を受ける。 ●**通所（日帰り）リハビリテーション**　リハビリが必要な在宅のお年寄りなどが日帰りで老人保健施設や病院などで，送迎・機能訓練・給食・入浴を受ける。 ●**福祉用具貸与**　在宅での生活がしやすいように，車いすやベッドなどの貸与や尿器や入浴補助具などの購入費の支給を行う。 ●**住宅改修費の支給**　足腰の弱い人や虚弱な人が在宅での生活がしやすいように手すりの取り付けや段差解消などの住宅改修費の支給を行う。 ●**痴呆対応型共同生活介護（痴呆対応型グループホーム）**　痴呆のお年寄りの共同生活のために住居，日常生活の世話や機能訓練を行う。
施設サービス	●**介護老人福祉施設（特別養護老人ホーム）**　食事や排泄などの日常生活の行為が自分でできなくなり，自宅で介護を受けることが難しくなった場合，常時介護や機能訓練を受けることができる生活の場。 ●**介護老人保健施設**　病気の治療が終わった人や病状が安定した人に，看護や機能訓練を中心とする医療ケアと介護など生活サービスを行う施設。 ●**介護療養型医療施設**　急性期の治療が終わり，長期の療養が必要なお年寄りのために身の回りの世話をする介護職員を配置した医療機関。

したがって，地域社会にある学童館，児童館が，子どもたちの放課後や休日に子どもらしく育っていく環境を提供する役割を発揮していくことが必要になる。また，学校は児童相談所や学童館，児童館と協力体制をつくることである。さらに，学校では，子どもたちが成績評価をする立場にない者（保健室の養護教諭）が相談を行っている。こういった現状から，スクールソーシャルワーカーやカウンセラーの配置は急務といえよう。

3．雇　　用

　雇用問題は社会福祉政策にとって非常に重要である。現代社会において，労働を提供してその代価として賃金を得て，生活を営む人々が大半になっている。この状況において，雇用は「健康で文化的な最低限度の生活を営む権利」の保障と密接な関わりをもつといえよう。したがって，失業者，ホームレス，障害者，高齢者における社会福祉問題を検討するにあたっては，必ず雇用の問題がある。

　高齢社会においては，高齢者の知恵や能力をどのようにして社会に貢献していくのかという高齢者の雇用問題がある。また，定年年齢と年金受給開始年齢との開きは，さらに高齢者の雇用を切実なものにする。にもかかわらず，雇用の場における年齢差別をどのように軽減していくのかということは，高齢者福祉の制度やサービスにとっても意味のあることになる。

　国際障害者年以降，わが国の障害者雇用は改善されてきた。しかし，ヨーロッパやアメリカと比較して，わが国の障害者法定雇用率は低い現状にある。たとえば，障害者雇用に関する法律はまず身体障害者雇用促進法（1960年）の制定であったように，わが国の障害者雇用対策は身体障害者に限定され続けた。ようやく1987年に「障害者の雇用の促進等に関する法律」へと改定され，雇用促進の保護対象が知的障害者，精神障害者にまで拡大した。障

● 仕事のなかで

　　　　　　　　　　藤山邦子（特別養護老人ホーム上井草園）

　介護保険制度導入により，介護の現場は大きく変わりました。第1に措置から経営への変換です。人件費の見直しのなかで，職員の人数削減や減給，非常勤雇用への切り替えが行われています。利用者から「最近は寮母さんが忙しそうで，声をかけづらい」「ゆっくり話を聞いてもらえない」という声があがっています。職員は日常の最低限の業務を行なうことに精一杯で，利用者への精神的ケアをしたくてもなかなかできない，生活施設に必要な日常のちょっとした語らいの時間がとりづらくなっています。
　第2に利用者主体，利用者の権利を尊重していくことです。これは介護保険が始まったからということではありませんが，施設全体が姿勢を正し取り組んでいかなければなりません。利用者や家族の意見や要望，苦情を真摯に受け止め，それに対しての改善を速やかに行なうシステムの確立が急がれています。これまでは職員が「いつものことだから」とか，反対に利用者や家族が「お世話になっているのだから」と黙ってしまっていたことが多いのです。それを顕在化させ，意見を重ね合い，改善していかなければなりません。日常の言葉一つひとつが管理的，強制的，禁止的になっていないか，食事・排泄・入浴等が利用者にとってはたして快適なのかを問い，点検していく必要があります。
　第3に業務改善です。より効率的に，まず利用者にとって最適な生活となるための業務改善です。タイムスタディ等を実施し，業務の見直しを図ります。利用者のためにやっているつもりが，職員主導になっていないかなどあらゆる知恵を総動員して改善していかなければなりません。
　現場自体は狭い空間ですが，社会の動静や制度の変化を常に受け続けています。しかし，利用者からの「ありがとう」という言葉や笑顔から職員は無限の力と喜びをえました。

害者の法定雇用率は諸外国と比較して低いうえに，事業主の義務にとどまっていることも影響している。今後は，精神障害者と重度障害者の雇用の改善が必要になっている。

　長引く日本経済の不況により，失業者やホームレスの増加は雇用問題と関係が深い。経済が停滞しているなかで，どうやって雇用の場をつくっていくのかが大切になってくる。

4．居住環境

　社会福祉は，人間がより良い生活を営む条件を社会的につくっていくことである。これまでわが国では，住宅については個人の努力に負うところが大きかったため，やっと住宅を取得したがその後の生活を無理していかなければ維持できないといった問題や，公共住宅の質・量ともに水準が低いといった現状を生み出した。

　また，住宅を取り巻く環境は，人間の健康な身体と生活に密接な関係をもつ。環境については，まさに個人の努力ではどうにもならない。そのような意味で，住宅ならびに居住環境は，社会福祉の問題を解決していく基盤となるきわめて重要な領域である。そして，地域福祉あるいは在宅福祉の充実を実現していくならばこそ，住宅やまち・むらづくりあるいは自然環境をも含めた居住環境の取り組みが大きな影響を与えていくであろう。

　たとえば住宅では，障害があっても高齢になっても住みやすいこと，「健康で文化的な最低限度の生活」を営むことのできる住宅の保障が必要である。社会福祉施設の場合，ノーマライゼーションを実現していくには，地域社会に根ざしていくことが求められる。したがって，施設がまちのどこに建設されるのかによって，ノーマライゼーション実現にも影響を及ぼす。さらに，国民の住宅の質が向上すれば，社会福祉施設の個室化すなわち住宅化を

表3-5　ロン・メイスのユニバーサルデザインの7原則

1. 誰にでも公平に使用できること
2. 使ううえでの自由度が高いこと
3. 簡単で直感的にわかる使用方法となっていること
4. 必要な情報がすぐ理解できること
5. うっかりエラーや危険につながらないデザインであること
6. 無理な姿勢や強い力なしで楽に使用できること
7. 接近して使えるような寸法・空間となっていること

(注)　ロン・メイスは米国ノースカロライナ州立大学ユニバーサルデザインセンターの所長。

(古瀬敏編著『ユニバーサルデザインとはなにか』都市文化社，1998)

進めていくことができる。

　子ども，障害者，高齢者とさまざまな人々が地域社会で生活していくには，まち・むらづくりや駅・公共交通機関・建物が，誰にとっても利用しやすいものでなければならない。バリアフリー，さらにユニバーサルデザイン（表3-5）の社会をつくることは，社会福祉にとって重要な課題となる。

研究課題

- 憲法25条の第1条「すべて国民は健康で文化的な最低限度の生活を営む権利を有する」という条文の下線の部分について，自由に意見を出してみましょう。
- 2000年に施行された「介護保険法」について，私たちの生活する地域では具体的にどのようにサービスが提供されているか，それぞれのグループに分かれて調べてみましょう。そして，わかりやすい表を作成して発表し比較検討しましょう。
- 「社会福祉法」の新しい理念のひとつである「個人の尊厳を守る」とは，具体的にどういう意味でしょうか。皆で話し合ってみましょう。

第4節　社会福祉の関連分野

・家庭や公共の場所で工夫されているバリアフリーについて調べ，書きだしてみましょう。

さらに学びを深めるために

書　籍
・岩村正彦他編著『目で見る　社会保障法　教材』有斐閣
・『社会保障入門』年度版　中央法規出版
・『国民の福祉の動向』年度版　厚生統計協会
・厚生労働省監修『厚生労働白書』年度版
・社会福祉の動向編集委員会編『社会福祉の動向2000』中央法規出版

ビデオ
・『見えない壁を越えて』中山節夫監督制作
・『人間裁判』共同映画社
・『ビデオで学ぶ在宅介護支援センター』NHKエデュケーショナル制作
・『ビデオで見る老人保健福祉計画』京極高宣監修・NHKエデュケーショナル制作
・『おとしよりのための保健医療福祉サービス』厚生省老人保健福祉局監修　中央法規出版制作

第4章

社会福祉の実践と担い手

　社会福祉制度が存在しても，それを運営する方法が必要となります。その方法およびどんな役割の人が社会福祉の分野で働いているのかを学びましょう。

　その人の役割と実際の仕事を理解しましょう。

　社会福祉の仕事に携わる人に必要な心がまえ，「専門職としての誓い」について学びましょう。

　「福祉は人なり」といわれます。社会福祉の仕事で人が強調される理由をしっかりと考えてみましょう。

第1節
社会福祉の方法

1．社会福祉実践方法の体系

1）社会福祉援助の方法
(1) 自立を意欲的に取り組むための実践としての福祉

　社会福祉とは，幸福を日常生活にとどめることが社会生活上何らかの理由で困難となっている人に対して，福祉を社会的に実現することをいう。そして，社会福祉の法律や制度は，利用者の社会生活上の基本的欲求の充足を行うことを目的としている。昨今の社会福祉法も，福祉サービス利用者の自己決定によるサービスの選択を尊重するために改正された。このように，社会福祉制度が現実の社会状況に対応できるように改善・向上することが常に要求されている。

　そして，制度が改革され整備・拡充されると，私たちは即刻，血の通った社会福祉行政と実践が可能となるという錯覚におそわれがちである。しかし，社会福祉制度が充実していれば，人間が幸福になれるという発想はあまりにも短絡的であることを私たちは認識する必要がある。

　つまり，社会福祉制度は福祉的生活への条件整備を行うが，制度自体には個人の行動をその目標にかなうようにコントロールして必要なサービスを提供し援助をする判断能力があるわけではない。専門分化された制度を個人の側，すなわち生活者の立場に立って統合的にとらえ直すことにより，はじめてその人の幸福が実現するのである。

　そこで，社会生活上の問題をもつ利用者が自己決定によるサービスの選択

表4-1　社会福祉援助技術の分類体系

1　直接援助技術
　①　個別援助技術（ケースワーク）
　②　集団援助技術（グループワーク）
2　間接援助技術
　③　地域援助技術（コミュニティワーク）
　④　社会活動法（ソーシャルアクション）
　⑤　社会福祉調査法（ソーシャルワーク・リサーチ）
　⑥　社会福祉計画法（ソーシャル・プランニング）
　⑦　社会福祉運営管理（ソーシャルワーク・アドミニストレーション）
3　関連援助技術
　⑧　ケアマネジメント
　⑨　スーパービジョン
　⑩　チームワーク
　⑪　カウンセリング
　⑫　コンサルテーション

表4-2　バイステックの7原則

1　クライエントを個人として捉える：一人ひとりのクライエントが，遺伝や環境の因子にもとづいた，あるいは人生経験にもとづいた独自性をもった個人として迎えられる権利とニードをもっていることを，的確に認識し理解すること。
2　クライエントの感情表現を大切にする：クライエントのかかえる問題が，部分的ないし全体的に情緒的なものであるときに，クライエントがそのような感情を表現したいというニードをもっていることをきちんと認識すること。
3　援助者は自分の感情を自覚して吟味する：クライエントが，彼のもつ感情に対してケースワーカーから適切なかたちで反応されたいというニードをもっていることを認識し，理解すること。
4　受けとめる：クライエントは生まれながらにして，それぞれに尊厳と価値を持っているという認識をケースワーカーが維持し，クライエントにこのようになってほしいと望むのではなく，クライエントを現実のあるがままの姿で把握し，接すること。
5　クライエントを一方的に非難しない：ケースワーカーが自分の役割を，クライエントを非難したり問責したりすることなく，援助することであるときちんと自覚すること。
6　クライエントの自己決定を促して尊重する：ケースワーカーが，クライエントは問題解決の方向などを自分で決める権利とニードをもっていることをしっかりと認識すること。
7　秘密を保持して信頼感を回復する：ケースワーカーが面接のなかで明らかにされる秘密の情報を適切に保持すること。

（バイステック著，尾崎新ほか訳『ケースワークの原則』誠信書房，1996）

を行うことができるように，社会福祉サービスと利用者を有効に結びつけるための交通整理の役割を担うのが社会福祉従事者であり，その時使用される技術が社会福祉援助技術である。

2）社会福祉援助技術（ソーシャルワーク）とは
(1) 直接個人に働きかける援助技術と基盤づくりのための援助技術

社会福祉援助技術はその実践方法から大きく，直接援助技術と間接援助技術，そしてその他の関連援助技術に分類される（表4-1）。

直接援助技術は，日常生活に問題を抱えた対象者に直接働きかけて問題を解決する方法である。対象者が個人の場合が，①個別援助技術（ケースワーク）であり，集団の場合が，②集団援助技術（グループワーク）である。

間接援助技術は，直接援助技術の背景となる基盤づくりや福祉的な社会環境の調整を目的として，間接的に利用者を援助する方法である。その主たるものは，③地域援助技術（コミュニティワーク），④社会活動法（ソーシャルアクション），⑤社会福祉調査法（ソーシャルワーク・リサーチ），⑥社会福祉計画法（ソーシャル・プランニング），⑦社会福祉運営管理（ソーシャル・アドミニストレーション）である。

その他の関連援助技術とは，社会福祉援助技術を側面的に支える技術で，他職種との連携を必要とする社会福祉従事者にとって，必要不可欠な技術である。この関連援助技術には，⑧ケアマネジメント，⑨スーパービジョン，⑩チームワークなどがある。

3）個別援助技術（ケースワーク）
(1) 個別援助技術（ケースワーク）とは
●生活課題の解決に向けての専門的対人援助

ケースワークとは，利用者の社会生活上の基本的ニーズの充足のため，

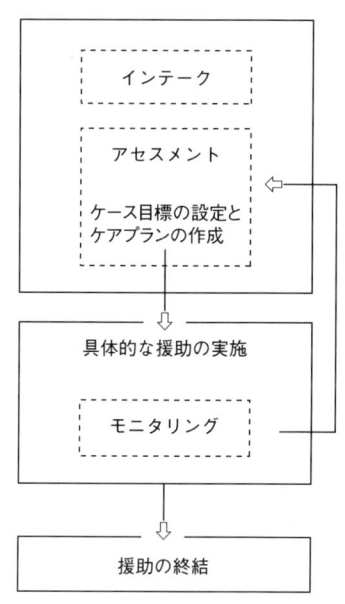

```
インテーク
   ↓
アセスメント
ケース目標の設定と
ケアプランの作成
   ↓
具体的な援助の実施
   ↓
モニタリング
   ↓
援助の終結
```

インテーク
利用者のもつ社会生活上の問題の解決を行うことの合意を得る。
1.質問の実施　2.解決の支援　3.継続的な支援　4.秘密保持

アセスメント
利用者を社会生活上の全体的な観点から捉え，生活課題を利用者や家族と共に引き出して，問題を解決する。

ケース目標の設定とケアプラン
利用者が抱えている生活課題に対して望ましい解決の方向性を示し，ケアプランを作成する。

具体的援助の実施
ケアプランにそって，具体的サービスを提供する。

モニタリング
各種のサービス等が利用者に円滑に提供されているかどうか，また，利用者自身の日常生活能力や社会状況の変化によって生活課題が変化していないかどうかを監視し，継続的にチェックする。

援助の終結
利用者に対してのサービスの提供が終了するとき。

図4-1　個別援助技術の展開過程

――― Tさんの事例：その1 ―――

　特別養護老人ホームでの実習が始まって1週間ほど経過したある日，実習生は利用者T・Yさんがいつも居室でぼんやりとしていらっしゃる様子を見て，特別養護老人ホームの日課のなかでTさんの興味のあることや希望を理解し，少しでもTさんに充実した生活を送っていただきたいと考えた。
　そこで，おやつの時間を利用してTさんを食堂にお誘いし，Tさんとのコミュニケーションをとりながら，情報収集を行うこととした。
　139頁以下はそのときの実習記録である。

第1節　社会福祉の方法

個別的に援助していく技術である。この技術を活用する社会福祉従事者を，ケースワーカーと呼ぶ。ケースワーカーは，利用者のもつ生活課題を解決するために，適切な社会資源と利用者を結びつけるために専門的対人関係を用いて「相談援助」を行う。そのとき利用する援助技術がケースワークである。

●共感と受容に支えられた人間理解

このとき，ケースワークにおいて利用者と信頼関係を形成するための基本的態度が重要である。これは「バイステックの7原則」（表4-2，p.135）からも明らかなように，ワーカーは利用者をあるがままに受容し理解し共感することが大切で，そうすることではじめてワーカーと利用者には共感的理解に支えられた信頼関係が生まれる。この根底には，ワーカー側の価値観として人間尊重の考え方が欠かせない。

(2) ケースワークの援助過程

●診断主義から生活モデルへ

ケースワークの援助過程は，各派によってやや異なる。S.フロイトの精神分析に影響を受けたケースワークは，診断主義と呼ばれる。これは，心理治療的アプローチを基盤としていることから，医学モデルともいわれる。

しかし近年，この医学モデルの援助方法は，サービス利用者の主体性や自立が尊重されにくく，社会福祉援助者への依存傾向を強めてしまうことになるという批判を受けることとなった。

そこで，サービス利用者の主体性や自立を尊重し，生活の質の向上をめざした援助方法の確立が必要となり，個人をさまざまな社会の集団の一員としてとらえ，人と環境が相互に影響し合うことを重視した生活モデルが注目されている。

ケースワークの援助過程も，この生活モデルの影響により，利用者を援助者が専門的知識と技術によって支え，ともに問題解決にあたる手順を示して

■実習記録（実習7日目）

(1) 今回の実習で取り組む内容

目標	利用者が日常生活の中で興味をもっている内容について理解する		利用者	T・Y	年齢	87	性別	女性
情報収集内容	・いつも居室にいらっしゃるので、Tさんの日課を理解して、Tさんの興味のあることや、希望を理解する。		情報収集法 ・Tさんを観察する。 ・おやつの時間に食堂にお誘いして、コミュニケーションをとる。					

(2) 利用者本人から知り得た情報（観察・会話・関わった内容等）	(3) 利用者を取り巻く環境から知りえた情報（ケース記録・寮母・家族等）
☆骨折する以前は独歩で、杖使用。現在は車椅子。 ☆歩けるようになりたい。	・以前は薬局を経営していた。 ・夫は戦死、女手一つで息子二人を育てる。 ・平成10年入居（入居期間1年）。 ・居室に閉じこもりがち。

↓

(4) 利用者と実際に関わって、必要な情報収集を行うことのできた場面を記入する

利用者の言動・行動	私はどう感じたか、どう思ったか	私はどう行動したか
①Tさんが居室で車椅子に座っていらっしゃる。	②そろそろおやつの時間なので、食堂にお誘いしてみましょう。	③「Tさん、こんにちは。Tさん、おやつの時間なので、食堂へいきませんか。私が車椅子を押してもよいでしょうか」
④「ええ。ありがとう。私は一人では何もできなくて、情けないわ。以前はこの杖を使って歩けたのに…」	⑤そういえば、いつもベッドの脇には杖が置いてある。でも、Tさんは車椅子で介助が必要な方なのに、何故だろう。	⑥「そうですか。以前は、杖をついて、お一人で歩いていらっしゃったのですね」
⑦「そう。だから歩けるようになりたいから、この杖が置いてあるのよ」	⑧Tさんは、車椅子なのに、いつもベッドの脇に杖が置いてあるのは、この杖で以前のように歩きたいのだ。	⑨「この杖に、Tさんは励まされることが多いのですか」
⑩「そうね…」		

(5) 全体のまとめ（収集した情報を整理する）

〈身体機能状況〉	〈精神心理状況〉	〈社会環境状況〉
車椅子使用。	・歩けるようになりたい。 ・自立への意欲が強いが、現在のADL状況に満足していない。 ・機能低下に伴い、自分自身に対して自信を失っている。	・杖がベッドの脇に置いてある。

(6) 生活課題

歩けるようになりたいという思いが強いにもかかわらず、自分自身の身体機能の低下に伴い、自分自身の存在価値をも否定し、生活に意欲が持てなくなっている。

第1節 社会福祉の方法

いる。この援助の過程は，インテーク→アセスメント→援助計画→具体的援助の実施→モニタリング→援助の終結，の順番で説明できる（図4-1，p.137）。

4）集団援助技術
(1) 集団援助技術（グループワーク）とは
●グループによって人は支えられグループは治療的・創造的作用をもつ

グループワークとは，集団自身の諸問題を解決したり，個々のメンバーの成長を促したり課題を達成したりするために，社会福祉従事者が専門的に集団に属するメンバーの相互の人間関係を通して意図的に働きかける技術である。グループワークではグループのもつダイナミックな力が活用されるが，そこで使用される手段は援助媒体と呼ばれ，その代表的なものとしては次の5つがジゼラ・コノプカにより紹介されている。

---
①グループワーカーとグループメンバーの専門的対人関係
②グループメンバー間における支え合いに重点をおいた人間関係
③グループ間での言語的コミュニケーションを生かした，グループディスカッション
④メンバーの生活能力を高めるためのプログラム活動
⑤環境の意図的選択と創造によるメンバーの成長

●問題解決に有効なグループを活用した援助方法

現在の社会福祉援助技術の方法論の統合化の展開により，グループワークはこれまでのようにグループワーカーの援助対象を小集団とする考え方から，問題・課題を中心に考えるように変化してきた。つまり，集団を活用した援助方法がその問題解決に有効であると考えられる場合等にグループワー

―――― 「Tさんの事例：その1」の考察 ――――

個別援助技術（ケースワーク）――Tさんの杖は「希望の杖」

　(4)は，実際に実習生がTさんとかかわって情報収集を行った場面の一部分の会話の抜粋である。この会話で実習生がTさんから得た情報は，(2)の☆印部分である。つまり，骨折する以前は歩行することが可能であり，現在でも歩けるようになりたいという希望が強い。そこで，車いす歩行であるにもかかわらず，今でもベッドサイドには杖が立てかけてあることの理由が理解できた。

　今回の会話では，杖をベッドサイドに置いているTさんの心情を理解するような実習生のかかわりがある。これは，「受容」の原則をもちいて，車いすで介助が必要だから杖は必要ないと決めつけず，なぜ杖が置いてあるのかという部分に着目して，Tさんの思いを聞き出している。

　この実習生は，Tさんにとって杖は単なる「体を支える杖」としてだけではなく，「心を支える杖」，つまり「希望の杖」としての重要な役割があることを理解したのである。このように，ふだん利用者が表出できない「心の声」を引き出すことは，Tさんの生きる意欲を引き出すことにつながる。そして，Tさんの「以前のように歩けるようになりたい」という思いを共感的に理解することで，Tさんとの信頼関係を築く第一歩とした。

　この利用者と実習生の会話は，単なる日常会話のなかに，利用者のもつ生活課題を解決するために意図的に専門的対人関係を用いて「相談援助」を行っているのである。この時利用した援助技術が，個別援助技術（ケースワーク）である。

―――― Tさんの事例：その2 ――――

　特別養護老人ホームのような集団生活を基本とした生活施設では，主に施設の組み立てた日課によって，利用者の日常生活は営まれている。Tさんは歩きたいという希望が強く，施設内の日課に組み込まれている，週2回のリハビリへの参加意欲は高い。しかし，リハビリの時間は短く，思ったような成果が上がらないことで，生活にハリがなく，またリハビリ以外の時間は何もすることがないため，一日中ベッド上でぼんやりしていることが多くなっている。

　こうしたTさんを見て，実習生はせっかくリハビリに通っているのに，それ以外の時間を居室に閉じこもっているのでは身体機能面での低下を招くのではないかと心配した。そこで，Tさんがリハビリ以外に日常の生活場面で興味をもっている内容について理解することを目標としTさんから情報収集を行った。143頁以下はそのときの実習記録である。

表 4-3　グループワークの理論モデル

社会的諸目標モデル (G.コノプカら)	最も古くから存在し，グループワークを通して社会問題の解決を目的とする。
矯正モデル＝治療モデル (R.ヴィンター)	グループを用いた個人の治療をその特色としている。
相互作用モデル (W.シュワルツ)	方法論統合化の視点から，グループを媒介として個人と社会組織がお互いの利益のために相互援助システムとして機能することを目標としている。

(みずきの会　社会福祉士試験研究会編著『必携社会福祉士［専門科目編］1999年版』筒井書房)

カーが用いるあらゆる援助方法をグループワークという。

(2)　社会的諸目標モデル・治療モデル・相互作用モデル・生態学システム・モデル

　集団援助技術には，いくつかの理論モデルがあるが，その源流となるモデルは1960年代に登場した3つの理論体系に要約できる。それは，「社会的諸目標モデル」「治療モデル」「相互作用モデル」である（表4-3）。

　また，最近では，人間を生態系の一員としてとらえる「生態学システムモデル」という考え方がある。このモデルの目的は，個人，家族，グループ，コミュニティの社会的機能の改善を促進することである。

5）地域援助技術（コミュニティワーク）

(1)　街に生きるための可能性を求める

　地域援助技術（コミュニティワーク）という用語がわが国で統一的に使用されるようになったのは，1987年の「社会福祉士及び介護福祉士法」が制定されてからである。コミュニティワークは，地域社会を基盤としたもので，その地域社会がかかえる福祉問題の解決のために，福祉サービス資源の整備や連絡・調整システムづくりについて働きかけたり，地域住民の福祉活動への参加を働きかける援助技術である。その技術を使用する福祉従事者がコミュニティワーカーである。その代表的な存在としては，市町村社会福祉協

■実習記録（実習10日目）

(1) 今回の実習で取り組む内容

目標	Tさんがリハビリ以外に日常の生活場面で興味を持っている内容について理解する。	利用者	T・Y	年齢	87	性別	女性
情報収集内容：Tさんの趣味。Tさんが今行いたいと希望していること。		情報収集方法：Tさんのニーズを意識して，居室での会話のなかから情報を収集する。					

(2) 全体のまとめ（収集した情報を整理する）

〈身体機能状況〉	〈精神心理状況〉	〈社会環境状況〉
・車椅子の生活で介助が必要。	・天気の良い日は外出したい。 ・花が好き。	・職員は忙しいため，散歩等の外出の機会が全くない。 ・月1回の通院がある。

(3) 行動計画表

生活課題	外出したい	援助目標	施設の中庭で日光浴を行う 中庭の花壇に水やりを行う	日時	○年○月○日　午後　時～　時	場所	施設中庭

参加者	性別	年齢	疾病	ADL状況	移動方法	職歴・趣味・性格等	個人目標
T・Y	女性	87	パーキンソン病	振戦がある	車椅子（要介助）	花が好き	身体機能の低下を予防したい
H・A	女性	80	脳血管障害	右片麻痺	車椅子	控えめな性格で，無口	他者との交流の機会を持つ
K・K	女性	76	高血圧症	ほぼ自立	杖歩行	植物の栽培に興味がある　世話好き	施設での生活に生きがいをみつける

1．準備過程：以前からT・Yさんと親しく，外出の希望がある2人に，一緒に中庭での日光浴を楽しむための声かけをする。

2．プログラム
　(1) 中庭に移動する。T・Yさん以外は，自力での移動が可能なので，実習生はT・Yさんの移動を介助することとした。
　(2) 日光浴をしながら，花壇に水やりをする。外の新鮮な空気に触れて，満足していただく。日光浴の感想を皆で話し合う。

3．次回の目標：自分達で種を蒔いて花を育てたいという希望があるので，次回は日光浴をしながら，メンバーの好きな花について話すことにした。また，その花にまつわる話もしたいと考えている。

議会の地域福祉コーディネーターやボランティアコーディネーター等があげられる。また，在宅介護支援センターのソーシャルワーカー等が地域社会の住民や関係機関・団体に働きかけるときに応用される専門的援助技術でもある。

M.G.ロスは著書『コミュニティ・オーガニゼーション』で，地域福祉活動に関わる専門家は「地域の歩幅」を大切にして援助しなければならないということを述べている。つまり，地域住民の主体性を尊重し，地域社会の個性を大切にするということである。これは，1962年の「社会福祉協議会基本要綱」で「住民主体の原則」として確認されている。

6）社会福祉調査法（ソーシャルワーク・リサーチ）
(1) 生活課題を科学的に把握する

社会福祉サービスを新たに開始したり，あるいは既存のサービスを改善したり，あるいは市町村が少子・高齢社会の到来により将来の福祉需要を考えて福祉サービスの基盤整備を行うためには，まず現状把握を行う必要がある。的確な現状把握は，効果的なサービスや対応策を計画及び実施するためにぜひとも必要となる。この現状把握を行う方法のひとつが，ソーシャルワーク・リサーチである。

7）社会活動法（ソーシャルアクション）
(1) 限りなく創造する福祉活動をめざして

ソーシャルアクションとは，福祉問題の解決のために法律や制度・サービス，予算の新設や改善を目的として，福祉に関わる住民組織や福祉団体・組織が地方自治体や国などに対して，その措置をとらせるように世論喚起や街頭行動などを背景に陳情，請願などのいわゆる政治的な対策行動をとることをいう。

────────── 「Tさんの事例：その2」の考察① ──────────

集団援助技術（グループワーク）
――利用者の生活意欲を引き出すために

　居室から窓の外を眺めているTさんとの会話を通して，Tさんは，天気の良い日は外出したいという希望があることがわかった。
　実習生はTさんの希望を実現するために，Tさんの散歩を施設に申し出た。しかし，施設の前には国道が通り，交通量が多く危険であるため，実習生による散歩は許可できないということだった。また，他の利用者も外出を希望している者が多く，Tさんだけを優先する訳にはいかないという答えがかえってきた。
　そこで実習生は，外出したいという利用者の方の希望が少しでも実現できるように，日光浴をしながらそれぞれの利用者が充実した時間を過ごせるような計画を立てることを心がけることとした。
　日光浴に参加した利用者の方は，それぞれに施設の外に出ることができたことと，お互いに交流する場を得たという満足感を味わえたようだった。ここでは，施設での生活で依存的になりがちな利用者の意見や考え方を取り入れて，利用者の生活意欲を引き出すための効果的な援助方法の一つとして，グループワークが活用されたのである。

────────── 「Tさんの事例：その2」の考察② ──────────

地域援助技術（コミュニティワーク）
――施設における地域の社会資源の積極的活用

　実習生が計画した中庭での日光浴は，利用者にとても喜ばれた。しかし，実習生がいなくなれば，また人手不足からこの計画はなくなってしまう可能性が大きい。そこで実習生は，地域社会に存在する社会資源であるボランティアを活用することを施設に提案した。施設の職員は施設内の社会資源のみに頼らず，地域社会に存在する社会資源，特にボランティアを積極的に活用することが重要である。たとえば，社会福祉協議会のボランティアセンターのコーディネーターと連絡をとり，ボランティアの派遣を依頼することも可能である。
　今回は，日光浴とともに花壇に自分たちも種を蒔いて花を育てたいという希望があるので，園芸に詳しい方を講師に招き，ボランティアとして活動していただくことが考えられている。また，日光浴に参加しているメンバーとマンツーマンでかかわってもらうための話し相手や見守りを兼ねたボランティアも募集することが望ましい。
　ボランティアとして活動してくださる地域住民の方に，施設の考え方や利用者との接し方等についてのオリエンテーションも必要である。こうした地域住民の福祉活動への参加を働きかけ，ボランティアとしての成長をサポートする援助技術がコミュニティワークである。

ソーシャルアクションは，広く国民の保健，福祉のニーズに応えるために，社会環境や社会システムを改革し創造することをめざす活動である。

　福祉の分野では基本的には，福祉サービスの利用者といわれる人々は，社会的には発言しにくいハンディキャップをもっており，社会的な行動をすること自体が困難な者が多い。また，社会の変化とともに，絶えず新しい福祉問題とその対象者が発生するというメカニズムのなかで，ソーシャルワーカーによる組織化の支援が必要とされている。

　つまり，利用者の日常生活における権利擁護（アドボカシー）も，このソーシャルアクションの一部と考えられる（図4-2）。

8）社会福祉計画（ソーシャルプランニング）
(1) 将来を見すえた長期展望を求めて

　ソーシャルプランニングとは，少子高齢社会の到来により人口の高齢化の進展に伴う福祉ニーズの増大とその高度化・多様化・個別化に対応するために，将来の展望をもった福祉サービスの提供などについての社会福祉の計画的整備を行うことが必要であり，その計画の策定を意味している。

　このソーシャルプランニングが，より個別的・具体的な計画となるためには，地域を基盤として社会福祉固有の視点で計画を策定し推進していくことが期待されている。

　たとえば，老人福祉法や老人保健法などで地方自治体に義務づけられた老人保健計画により，全国の自治体はその計画を策定した。つまり，国においてゴールドプランを策定し，そして地方自治体に老人保健福祉計画を義務づけることにより，わが国の社会福祉における計画行政の方向が示されたことは評価に値する。

　さらに，ソーシャルワーク実践においては，ケアプラン作成のために必要なアセスメント（課題分析）は，ソーシャルプランニングに該当する。

―――― 「Tさんの事例：その2」の考察③ ――――

ソーシャルアクション（アドボカシー）
――利用者の生活の権利を擁護することは豊かな生活を送るための第一歩

　実習生は，Tさんの日常生活における「生活の権利」を擁護することはワーカーの役割だと考えた。
　今回のTさんの日常生活の要求は，散歩に行きたいということであった。施設では現在，利用者の一人ひとりのための散歩は行われていない。
　実習生はTさんの希望を実現するために，Tさんの散歩を施設に申し出た。この時，実習生が画一的な施設の日課を改善して，利用者の希望を尊重できるような個別化したプログラムの作成を指導員に交渉したことは，利用者の権利擁護を求めるための援助と考えられる。
　しかし，指導員は「Tさんの希望は理解できるが，施設の前には国道が通り交通量が多く危険であるため，実習生による散歩は許可できない。また，他の利用者も外出を希望している者が多く，Tさんだけを優先するわけにはいかない。そして，外出を希望する利用者全員を散歩にお誘いするには，職員が必ず付き添う必要があり，職員の負担をこれ以上多くすることはできないので，現状では無理だ」という答えが返ってきた。
　このように施設側の方針やまわりの環境上の理由や職員配置の問題などで，必ずしも利用者の希望が全面的に受け入れられるとは限らない。しかし，できるかぎりTさんの生活を支援するための方法を考え，施設側にTさんの代弁者としての役割を果たすことが必要である。そして，可能なかぎり，利用者の希望に添えるように，グループワークを活用して中庭での日光浴を実施した。この日光浴を実際に継続して実施するためには，職員に今以上の負担がかかることになる。そこで，そのための対策として，ボランティアの活用を提案している。
　こうしたTさんを擁護するために行う代弁に関しても，専門的援助技術が使用される。これが，ソーシャルアクションの一種であるアドボカシー（権利擁護）である。

アドボカシー ＝ | 権 利 擁 護 | ニーズ充足 | → ノーマライゼーション　QOL
　　　　　　　　　　　　　　　　　（生活擁護）　　　　　社会正義

図4-2　アドボカシーと権利擁護の関係
（秋山智久『社会福祉実践論』ミネルヴァ書房，2000）

9）社会福祉運営管理（ソーシャルワーク・アドミニストレーション）

(1) 効率的，効果的な社会福祉サービスをめざして

ソーシャルワーク・アドミニストレーションとは，社会福祉サービスを効率的，効果的に実施するために，施設管理，施設運営を科学的に行う方法である。今日では，国や地方自治体が供給する社会福祉サービスの計画や実施等の施策一般を科学的に運営・管理する方法としても位置づけられている。

10）その他の関連援助技術

(1) ケアマネジメント

●地域での生活を充実するための自立にむけての効果的なプロセス

ケアマネジメントとは，白澤政和によると，「要援護者の自立を促し，その人のニーズにあったケアプランを作成し，そのプランに基づいて適切なサービス等の社会資源を提供することである」と定義されている。つまり，利用者の社会生活上のニーズを充足するために，適切な社会資源と結びつける手続きなのである（図4-3，p.153）。

ケアマネジメントの目的は，要援護者の自立，すなわち「自分の生き方を自分の責任で決定していくこと」を支援し，その人の生活の質を高めることである。

ケアマネジメントの援助過程は，7つの局面で展開する。これは，①入口→②アセスメント→③ケース目標の設定とケアプランの作成→④ケアプランの実施→⑤モニタリング→⑥再アセスメント→⑦終結となる。

このケアマネジメントは，2000年から実施された介護保険法のもとで，要介護認定のための基本調査や，その後のケアプラン作成のための手法としての役割を担っている。

――― Tさんの事例：その3 ―――

　実習生は，Tさん本人から知り得た情報と，Tさんを取り巻く環境から知り得た情報をもとに，その情報を身体機能状況，精神心理状況，社会環境状況に分類して，3つの分野を総合的に分析して，利用者が「日常生活で困っていることは何か」「何を望んでいるか」を明確にし，Tさんの生活課題を導き出し，介護サービス計画書の作成を行った。以下はそのときの記録である。

■実習記録（実習15日目：総合アセスメント）
　○　利用者紹介

| 氏名 | T・Y | 年齢 | 87 | 性別 | 女性 | ・以前薬局を経営・夫は戦死・女手一つで，息子二人を育てる・平成10年入居 |

　○　全体のまとめ

〈身体機能状況〉	〈精神心理状況〉	〈社会環境状況〉
・車椅子使用，常に介助が必要。 ・手すりにつかまり，立位を保つことはできるが，不安定。 ・手に振戦があり，動作が思うようにならない。 ・食事は自力で行えるが，寮母が介助する場面が多い。 ・骨折する以前は，独歩で杖を使用していた（本人）。	・歩けるようになりたい。 ・自立への意欲が強いが，現在のADL状況に満足していない。 ・もっと，リハビリテーションを行いたい。 ⇒リハビリの時間が短いことに不満がある。 ・どんなに時間がかかっても，最後まで人の手を借りずに一人で行いたい。 ・機能低下に伴い，自分自身に自信をなくしている。 ・散歩・日光浴・買い物など，外に出る機会がほしい。	・クラブ活動には参加しないが，体調が悪くてもリハビリテーションには参加する。（週2回） ・寮母の介護負担が大きい。

第1節　社会福祉の方法

(2) スーパービジョン

●援助者のための支援活動

　スーパービジョンは，ソーシャルワーカーに対するソーシャルワークといえる。つまり，社会福祉援助者が利用者への援助過程において，自己の能力技術を最大限発揮して複雑化・多様化しているニーズの充足を行うことができるように，ソーシャルワーカーの業務遂行能力を向上させる一つの教育方法である。特に，経験の浅い新人の援助者を側面から援助するスーパービジョンは重要である。

　このような教育・訓練を行う指導者をスーパーバイザーと呼び，指導を受ける者をスーパーバイジーという。

　スーパービジョンの機能には，①教育的機能，②支持的機能，③評価的機能，④管理的機能がある。

　スーパービジョンの方法としては，1対1で行われる個人スーパービジョンと，複数のスーパーバイジーとの間で行われるグループワークスーパービジョンがある。

(3) **チームワーク**

●専門職間の連携プレイの必要性

　グループを構成するメンバーが連帯意識をもち，共通の目標達成に向けて，社会生活上の問題をもつサービス利用者の問題解決に取り組むことである。

　今日，複雑で多様化する社会福祉ニーズをもちながら，在宅や施設で生活している利用者を支援していくためには，専門職間の連携が不可欠で，チームワークはそうした援助活動の基盤となる。

■実習記録（実習15日目；ケアプラン作成）

○ 介護サービス計画書

サービス利用者氏名	T・Y	作成年月日	H12.11.1	作成者氏名	Y・S	施設名	Eホーム
要介護者等及び家族の介護に対する意向		歩けるようになりたい。外出したい。					
総合的な援助の方針		自立への意欲を持ち続けていただく。充実した生活を送っていただく。					

生活全般の解決すべき課題	援助目標	サービス内容
1．自立への意欲はかなりあるが、現在のADL状況に自分自身納得していない。	・残存機能をできるだけ活用して、可能性のあることはできるだけ最後まで自分で行い自信を取り戻していただく。	・リハビリテーションの機能回復訓練に参加しているTさんを見守り、声かけを行う。また、Tさんが自分でできることを見つけて日常生活のなかに取り入れていく。
2．手に振戦があるので、一つのことを行うにも時間がかかり、寮母が必要以上に介助してしまい、本人が意欲を失う原因となっている。	・手の機能の現状維持をめざす。	・食事やおやつのときは、できるだけ自分の手を使って食べていただく。 ・寮母は見守りと声かけを行い、必要に応じて、Tさんに確認をとりながら介助を行う。
3．意欲的に取り組んでいるが、リハビリテーションの訓練時間が短い。	・日課のなかでは、リハビリテーションの成果が上がっている場面では、本人の努力を認める関わりを行う。	・排泄時の衣服の着脱の際、立位をもっていただくように声かけを行い、リハビリテーションの成果を確認しあう。 ・リハビリテーション以外に日常生活のなかで手や足を使った運動を取り入れる。
4．病院以外にも、買い物、散歩、日光浴など外に出る機会がほしいが、寮母が業務で多忙なため、外出できない。	・1週間に1回は外出できる機会をつくり、外出の援助をする。	・日光浴を行いながら、中庭の花壇の花に水やりをする。

─── 「Tさんの事例：その3」の考察 ───

ソーシャルプランニング──アセスメントはケアプラン作成の要(かなめ)

利用者の生活課題を解決するために、「利用者ができることは何か」を確認して、その可能性を引き出していくための支援を行っていくことが援助者には求められる。これが援助目標であり、それを具体的にしたものがサービス内容となる。これが介護サービス計画書である。そして、このとき使用された技術がソーシャルプランニングである。

2．社会福祉援助技術の方法論の拡大

1）社会福祉援助技術の統合化
(1) 社会福祉援助技術の共通基盤
●生活課題にむけての柔軟性のある援助の必要

　社会福祉援助技術の実践方法は，それぞれに異なった歴史的発生と成長過程をたどり，独自の理論やそれにもとづく方法を展開してきたので，その共通性を見出しにくくなってしまった。

　しかし，それぞれの専門分化した実践方法のみのアプローチには限界があると考えられるようになってきた。

　つまり，こうした専門分化は，本来利用者の立場に立った援助が行われなければならないのに，実践方法が利用者を選択してしまう逆転現象を生みだし，利用者の生活課題に柔軟に対応できなくなってしまった。

●「価値」を伴った専門性が問われる

　1950年代頃から，社会福祉援助技術としての共通基盤を求める動きが始まった。

　H. バートレットによれば，すべての社会福祉援助には共通する 3 つの構成要素「価値」「知識」「介入」があり，その 3 つの要素の均衡が保たれてはじめてそれぞれの実践方法はその機能を発揮できると主張した（図 4 - 4）。

　この社会福祉実践の共通基盤の確立をもとに，伝統的な方法の区分を残したうえで，社会福祉援助技術は統合化されることとなった。

　「T さんの事例」でもわかるように，実習生は T さんのかかえる複数の生活課題を解決する方法として，社会福祉援助技術を活用している。そのとき，実習生は T さんの立場にたって，T さんの希望を尊重した援助を行うために，社会福祉援助技術の種類のなかからその生活課題の解決に最適と思

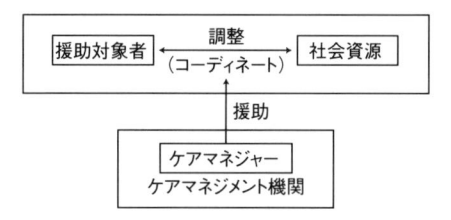

図4-3　ケアマネジメントの平面的構成要素
（白澤政和編著『ケアマネジャー養成テキストブック』中央法規出版，1996）

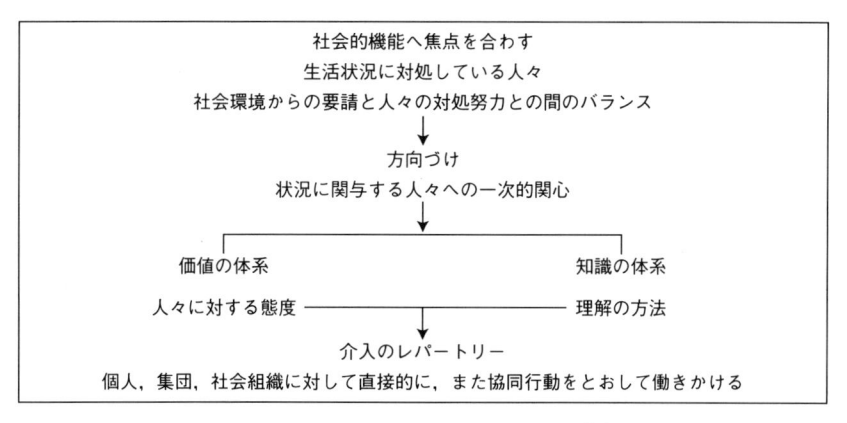

図4-4　ソーシャルワーク実践の共通基盤
(H. Bartlett, *The Common Base of Social Work Practice*, NASW, p.130, 1970.)

われる援助技術を活用している。これが社会福祉援助技術の統合化である。

(2) 生活モデルとエコロジカルアプローチ

●統合的視点が促した複眼の目と潜在能力への着目

その後、それまでの伝統的な実践方法の区分を排除し、単一の社会福祉援助技術の枠組みをめざし、システム論が導入された。これは本来、社会福祉援助技術は、実践の焦点を「人間と環境」という形態でとらえ、人間の行動・態度の変化には人間に対する働きかけだけではなく、環境にも同様に働きかける必要があるという考え方である。それにより、「人間と環境」のよりよい統合ができるようになった。

そして、1980年頃から、エコロジカルアプローチという方法が取り入れられるようになった。これは「人と環境の相互作用」に焦点をあてた考え方で、C.ジャーメインは「生活モデル」を提唱し注目された。

特に、1990年代には共同研究者であるA.ギッターマンとともに、エコロジカルモデルを発表し、このモデルの実践には利用者への能力付与、すなわちエンパワメントが不可欠の要素であると述べている。

エンパワメントアプローチでは、複合化した生活課題をもつ利用者の意欲(パワー)を引き出すことが、社会福祉援助者には求められる。

エンパワメントアプローチは、社会福祉援助の対象者の強さ、あるいはその対象者の無力さの克服に焦点をあてて、そのパワーを強化し、問題解決のための彼らの対処能力を高めていこうとする。その時の問題解決の焦点は、個人的側面と環境的側面の相互作用にあると考えられる。

2)方法論の拡大と介護福祉援助技術

(1) 介護福祉技術とは

●お世話型介護から自立支援型介護へ

少子高齢社会の到来は、要介護高齢者とその家族の問題であり、その解決

―― Tさんの事例：その4 ――

下記の実習内容は，実習生がTさんのために作成したケアプラン（介護サービス計画書；p.151参照）のうち，3番の生活課題について，設定した援助目標にそって実施したサービス内容の一部である。

■実習記録（実習20日目）

利用者の言動・行動	私はどう感じたか，どう思ったか	私はどう行動したか
①Tさんが　リハビリテーションを終えて，居室に戻っていらっしゃった。	②なんだか，元気がなさそうだ。どうしたのだろう。	③「Tさん，こんにちは。リハビリはいかがでしたか。いつも，熱心にリハビリに通っていらっしゃいますね」
④「ええ。でもね，リハビリは10分から20分くらいで終わってしまうの。本当はもっとやりたいのに…」	⑤そうか。リハビリの希望者が多いので，不満なのだ。リハビリを納得いくまで行いたいのだ。	⑥「Tさん，それでは，せっかくリハビリで訓練なさったのですから，その成果を試してみましょうよ」
⑦「いいけど…でもどうするの」	⑧Tさんにリハビリをしたことの達成感を少しでも味わっていただきたい。	⑨「Tさんそれでは，そろそろ排泄の時間ですから，トイレに行きませんか。トイレではリハビリの成果を発揮して，衣類の着脱のとき手すりにつかまってしばらく立っていただけると，私はとても助かるのですが…いかがでしょうか」
⑩「いいけど…でも私にできるかしら」	⑪少しでも，自分でできることで，自信をつけていただけるかもしれない。	⑫「それでは，まいりましょうか」
※この後トイレで，Tさんは衣服の着脱時に立位を保ち，実習生を助けてくれた。		
――トイレ介助の後―― ⑬「私，少しはお役にたてたかしら」	⑭Tさんは少し満足しているようにみえる。嬉しそうだ。よかった。	⑮「はい。ありがとうございました」「本当に助かりました。Tさん，これはリハビリの成果ですね。これからも頑張ってください」
⑯「そうね。ありがとう」		

のために介護保険法が2000年より施行された。この制度を充実させるための援助方法も，従来からの援助方法だけでは限界があり，方法論の拡大が行われる必要性が生じた。

　従来の社会福祉とは，社会生活上の基本的ニーズの不充足や不調整から生ずる社会福祉問題を社会的障害として把握し，その「問題解決」を図ることにあった。そして，この問題解決には専門的な援助が行われる。その援助方法は，ケースワークやグループワークというソーシャルワークを中心としたもので，その主な実践内容は「相談援助」の技術であった。

　しかし，要介護高齢者の増大が介護問題をクローズアップしたことで，社会的介護の必要性が重大な課題となった。そこで，1987年の「社会福祉士及び介護福祉士法」の制定により，介護福祉士が介護を専門的に行う者であることが規定されたのである。そこで使用される技術は，介護福祉技術として社会福祉の実践方法体系の一部と考えることができる（図4-5）。

　つまり，介護を必要とする要介護者やその家族にとって，社会生活上の基本的ニーズの充足には，身体的側面からの介護技術の提供とともに，心理的社会的側面からのコミュニケーションや対人援助の技法を用いた利用者の主体性を尊重するアプローチや，社会資源や制度の開発も必要不可欠なのである（図4-6）。

　また，社会福祉援助技術を学ぶことにより，ソーシャルワーカーの職務を理解することが容易となり，専門職同士の連携をとるためにも意義があり，それは，サービス利用者の福祉の向上につながるものである。

　このように，社会福祉従事者は，介護福祉技術を用いて援助を展開するとき，その展開場面に対応したところの社会福祉援助技術も同時に使いこなさなければならない。この両方の技術が車の両輪として機能することで，はじめて利用者が充実した生活を送ることが可能となる。

―――――「Tさんの事例：その4」の考察―――――

エンパワメントアプローチ――生きる意欲を引き出す援助とは

　Tさんにとって，現在の状況は複合化した生活課題を解決できず，意欲が減退している状況である。

　そこで実習生は，Tさんにリハビリテーションの訓練の成果を試す機会を日常生活のなかに取り込むことで達成感を味わってもらいたいと考えた。つまり，日課のなかでリハビリテーションの成果が上がっている場面では，本人の努力を認める関わりを行うことで，Tさんの自信の回復をめざしたのである。

　今回のこうした関わりは，Tさんのその無力さの克服に焦点をあて，生きる意欲を引き出すことに焦点をあてた積極的介護，つまりエンパワメントアプローチである。

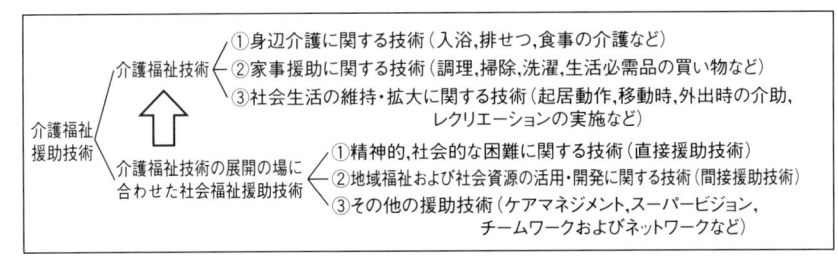

介護福祉援助技術
├─ 介護福祉技術
│　　①身辺介護に関する技術（入浴，排せつ，食事の介護など）
│　　②家事援助に関する技術（調理，掃除，洗濯，生活必需品の買い物など）
│　　③社会生活の維持・拡大に関する技術（起居動作，移動時，外出時の介助，レクリエーションの実施など）
└─ 介護福祉技術の展開の場に合わせた社会福祉援助技術
　　　①精神的，社会的な困難に関する技術（直接援助技術）
　　　②地域福祉および社会資源の活用・開発に関する技術（間接援助技術）
　　　③その他の援助技術（ケアマネジメント，スーパービジョン，チームワークおよびネットワークなど）

図4-5　介護福祉援助技術の体系（笠原幸子）
（秋山智久『社会福祉援助技術』ミネルヴァ書房，2000）

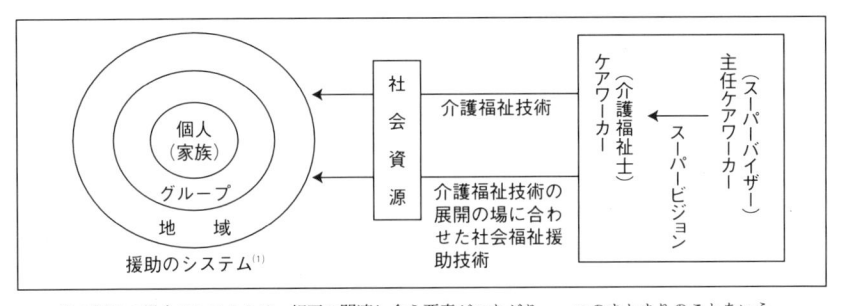

図4-6　ケアワーカー（介護福祉士）と介護福祉援助技術の援助関係
（岩間伸之「ソーシャルワークの3方法とスーパービジョン」『社会福祉士受験講座Ⅰ・社会福祉原論』棋苑図書 p.57を参考に，笠原幸子作成）

注：(1)この場合のシステムは，相互に関連し合う要素がつながり，一つのまとまりのことをいう。

第1節　社会福祉の方法

第2節
社会福祉の仕事と担い手

1．社会福祉従事者の現状

1）社会福祉従事者の概要
(1) 急激な社会変化のなかで求められた，社会福祉従事者の著しい増大

　わが国は世界でも類をみないほど急速に高齢化が進み，本格的な少子高齢社会に向けて，社会福祉制度・政策の充実を図ることとなった。そのさきがけとして，これからの長寿社会対策である「高齢者保健福祉推進10か年戦略」（ゴールドプラン）が1989年12月に策定された。

　このプランの推進にあたって欠かせないものが，その事業・サービスの直接的な実践者となる社会福祉従事者の存在だった。

　社会福祉従事者とは，国や地方公共団体の制度や法律に定められている仕事に従事している者であり，彼らは社会福祉を利用する人々と直接的にしかも日常的に接し，その人々を支援することを職業としている。

　社会福祉従事者人口は，図4-7のようにここ10年間で急激に増加し，1998（平成10）年には116万人を数えるほどとなった。

2）社会福祉従事者の職種と仕事

　社会福祉の分野の仕事に従事する人の職種には，表4-4に示すように多くの種類がある。私たちは社会福祉従事者というと，まず老人ホームの寮母や訪問介護員（ホームヘルパー）などを思い浮かべるが，医師，看護師などのように他職種の分野で活躍していると思われている人々も，社会福祉にか

図4-7　社会福祉従事者数の移り変わり

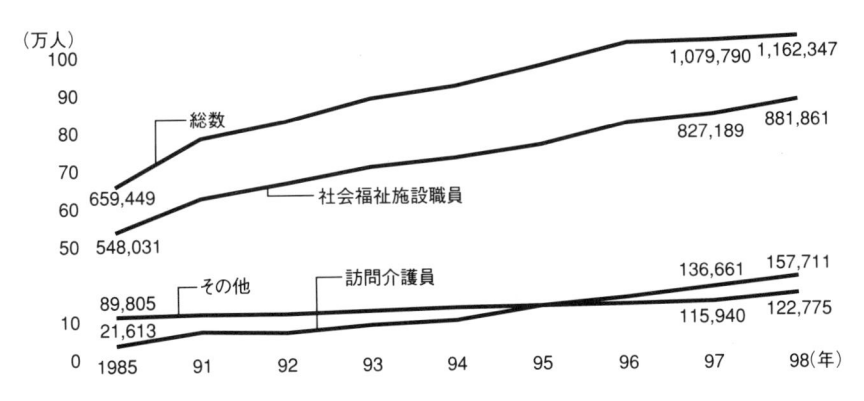

(注)　社会福祉施設職員数は，社会福祉調査報告による。
　　「訪問介護員」欄は，厚生省報告例による。
　　「その他」欄は，福祉事務所，民生一般，児童相談所および社会福祉協議会の職員。

（厚生統計協会『国民の福祉の動向』，2000）

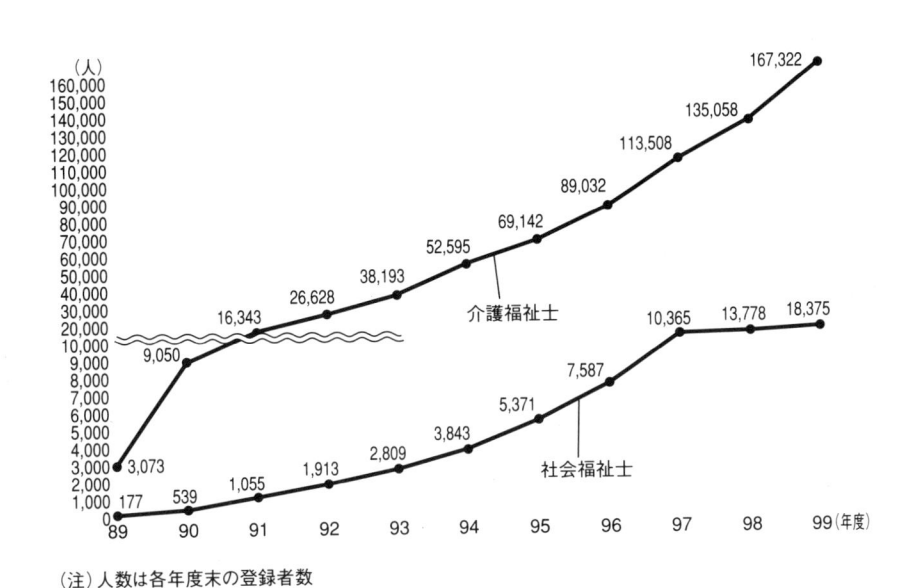

図4-8　社会福祉士および介護福祉士資格取得者数の移り変わり

(注)人数は各年度末の登録者数

（厚生省『厚生白書』平成12年度版）

第2節　社会福祉の仕事と担い手

かわっていることがわかる。

2．社会福祉専門職の資格

1）社会福祉士と介護福祉士の誕生

　従来，社会福祉の分野では，保育士を除く他の職種は必ずしも資格が明確に法制化されていなかった。

　1987（昭和62）年に社会福祉士及び介護福祉士法が定められ，社会福祉士及び介護福祉士という社会福祉の基本的な2つの資格が制度化され，社会福祉に関する専門職制度が実現したのである。

　この背景には，高齢社会における介護問題への対応があった。法律の提案理由にも，「誰もが安心して，老人，身体障害者に対する福祉に関する相談や介護を依頼することができる専門的能力を有する人材を養成，確保して在宅介護の充実強化を図る」ためという一文がある。なお，1999（平成11）年度の社会福祉士及び介護福祉士の資格取得者数は，図4-8の通りである。

2）国家資格と任用資格

　社会福祉専門職の資格には，国家資格と任用資格がある。国家資格とは，国によって定められた資格のことである。社会福祉の関連分野の国家資格には，社会福祉士，介護福祉士，精神保健福祉士のほか，保健医療系の理学療法士や作業療法士などがある。

　任用資格とは，国や地方公共団体が定めた，その仕事をするために必要な資格基準のことである。任用資格には，社会福祉主事，児童指導員などがある。

表 4-4　社会福祉従事者の職種

	かかわる人					
	高齢者	子ども等	身体障害者	知的障害者	精神障害者	その他の専門職
職種	寮母（父）	保育士	寮母（父）	知的障害者更生施設職員	精神保健福祉士	理学療法士／医師
	訪問介護員	訪問介護員	訪問介護員	知的障害者授産施設職員	精神障害者授産施設職員	作業療法士／看護師
	生活指導員	児童指導員	生活指導員			言語聴覚士／保健師
	介護支援専門員（ケアマネジャー）	家庭相談員	身体障害者相談員	知的障害者相談員		心理判定員／栄養士・管理栄養士
	介護アテンドサービス士	児童厚生員	手話通訳士			職能判定員／社会福祉協議会の職員
		児童自立支援専門員	義肢装具士			福祉事務所の職員
		幼稚園教諭				
		養護教諭・養護学校教諭				
職場	特別養護老人ホーム	保育所	身体障害者更生施設	知的障害者通勤寮	精神障害者生活訓練施設	低所得者
	養護老人ホーム	児童養護施設	身体障害者授産施設	知的障害者更生相談所	精神障害者授産施設	救護施設
	軽費老人ホーム	乳児院	身体障害者療護施設	グループホーム	グループホーム	更生施設
	有料老人ホーム	児童自立支援施設	共同作業所	共同作業所	共同作業所	授産施設
	介護老人保健施設	児童相談所	身体障害者福祉ホーム	知的障害者福祉ホーム	精神障害者福祉ホーム	宿所提供施設
	高齢者日帰り介護施設	母子生活支援施設	点字図書館		精神（科）病院	医療保護施設
	高齢者福祉センター	母子福祉センター	身体障害者福祉センター		精神保健福祉センター	
	在宅介護支援センター	助産施設				

第 2 節　社会福祉の仕事と担い手

3．社会福祉分野の資格と仕事（職種）

1）社会福祉士

(1) 社会福祉士の業務

社会福祉士は，高齢者や障害者を直接に介助するというよりも，生活上の「相談援助」を行うことを主たる業務としている。

> 社会福祉士及び介護福祉士法第2条第1項
> 「社会福祉士の名称を用いて，専門的知識及び技術をもって，身体上若しくは精神上の障害があること又は環境上の理由により日常生活を営むのに支障がある者の福祉に関する相談に応じ，助言，指導その他の援助を行うこと」。

なお，社会福祉士・介護福祉士の法律上の義務は表4-5の通りである。

(2) 資格が活かされる職場・職種

社会福祉士（資格）の設置が義務づけられている職場は，現在，高齢者在宅介護支援センターと社会福祉協議会のふれあい福祉センターに限られている。

また，義務化されてはいないが，社会福祉士が最も多く活躍している職種は，公的機関の相談員や社会福祉施設の生活相談員・児童指導員などがあげられる。

特に，社会福祉施設などの生活相談員の仕事としては，「相談援助」を主としながら，直接介護や送迎などの業務も行っている。

(3) 資格取得の方法

資格取得のためには，国家試験を受ける必要がある。国家試験の受験資格は，図4-9に示すように11通りの方法がある。

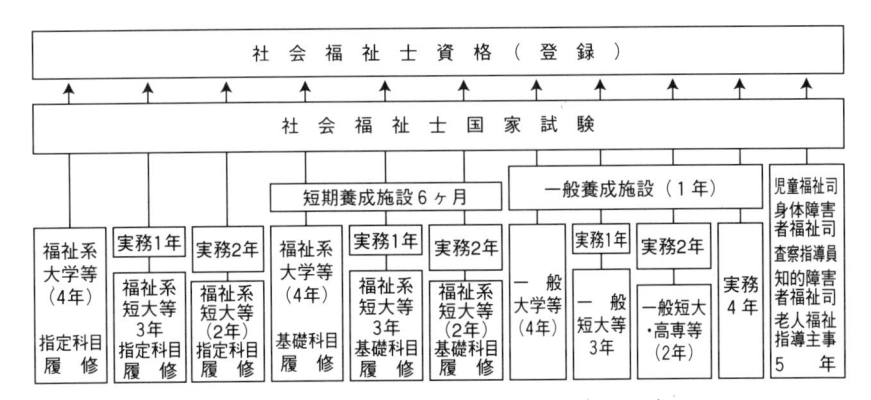

図4-9　社会福祉士の養成課程

表4-5　社会福祉士・介護福祉士の法律上の義務

①社会福祉士・介護福祉士は，社会福祉士・介護福祉士の信用を傷つけるような行為をしてはならない。
　⇨信用失墜行為の禁止
②社会福祉士・介護福祉士は，正当な理由がなく，その業務に関して知り得た人の秘密をもらしてはならない。
　⇨秘密保持義務
③社会福祉士・介護福祉士は，その業務を行うに当たっては，医師やそのほかの医療関係者との連携を保たなければならない。
　⇨医師などとの連携義務
④社会福祉士・介護福祉士でない者は，社会福祉士・介護福祉士という名称を使用してはならない。
　⇨名称の使用制限

第2節　社会福祉の仕事と担い手

2）介護福祉士

(1) 介護福祉士の業務

　介護福祉士は，食事，入浴，排泄，移動，レクリエーションなど，利用者の一日の生活のさまざまな場面で，具体的な介護や介助を行う。そして，こうした技術的な援助のみでなく，利用者の生活の質の向上を図るために，その人の自立を支援する必要がある（図4-10）。

社会福祉士及び介護福祉士法第2条第2項
「社会福祉士の名称を用いて，専門的知識及び技術をもって，身体上又は精神上の障害があることにより日常生活を営むのに支障がある者につき入浴，排せつ，食事その他の介護を行い，並びにその者及び介護者に対して介護に関する指導を行うこと」。

---

(2) 資格が活かされる職種・職場

　現在，介護福祉士を置くことを義務づけられている職場は，高齢者在宅介護支援センターなど，限られた施設である。
　また，介護福祉士が最も多く活躍している職種は，寮母である。そして，この寮母が多く配置されている職場は，老人福祉施設等の社会福祉施設である。

(3) 資格取得の方法

　資格取得には図4-11に示す通り，6通りの方法がある。この取得方法は，さらに2つに分けられる。
　第1は，介護福祉士養成施設と呼ばれる短期大学や専門学校を修了することで取得することができる。それぞれの学歴によって，1年コースや2年コースが定められている。
　第2は，法律等によって定められた介護の仕事を3年以上経験すると，国

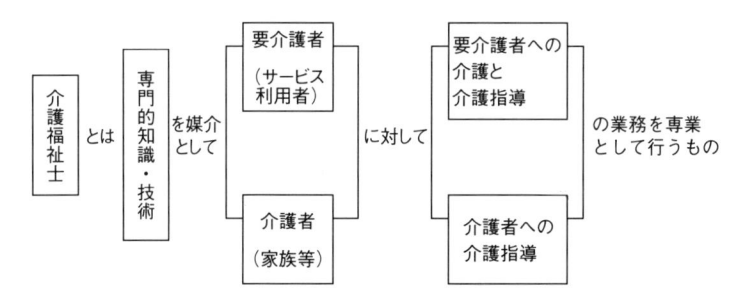

```
介護福祉士 とは → 専門的知識・技術 を媒介として → 要介護者（サービス利用者）／介護者（家族等） に対して → 要介護者への介護と介護指導／介護者への介護指導 の業務を専業として行うもの
```

＊第1の仕事は直接的な介護であるが，介護を必要とする人やその家族の相談役として，精神的な支えとなることも期待される。

図4-10　介護福祉士の仕事の性格

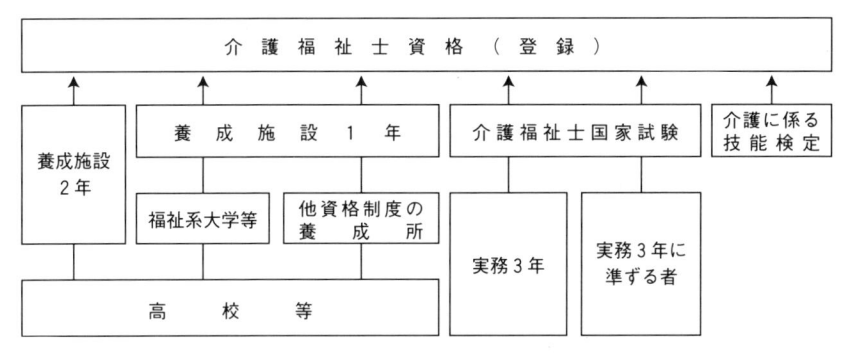

```
介護福祉士資格（登録）
　↑　　　↑　　　　　　　↑　　　　↑
養成施設　養成施設1年　　介護福祉士国家試験　介護に係る技能検定
2年　　　┌──┬──┐　　┌──┬──┐
　　　　福祉系　他資格制度の　実務3年　実務3年に
　　　　大学等　養成所　　　　　　　準ずる者
　　　　　└──┬──┘
　　　　　　高校等
```

図4-11　介護福祉士の養成課程

第2節　社会福祉の仕事と担い手

家試験を受験する資格を取得する方法がある。

3）精神保健福祉士
(1) 精神保健福祉士の業務

精神保健福祉士は，1997年（平成9）年に制定された精神保健福祉士法にもとづく国家資格である。

精神病院に入院・通院している精神障害者は，1996（平成8）年の調査によると，全国に約217万人と推計される。

精神保健福祉士の仕事は，精神障害者の社会復帰の促進と福祉の増進を図るため，相談，助言，指導を行うほか，日常生活に適応するための訓練などを実施することである。

精神保健福祉士の職場は精神病院をはじめ，保健所，健康センター，精神保健福祉センターなどである。

資格取得方法は，図4-12の通りである。

4）訪問介護員（ホームヘルパー）
(1) ホームヘルパーの業務

ホームヘルパーは，在宅で寝たきりや一人暮らしの高齢者や心身に障害をもつ人たちの家庭を訪問し，日常生活の支援を行う。ホームヘルパーの仕事は，大きく3つに分けることができる。

第1は家事援助で，その内容としては調理，洗濯，買い物，掃除等があげられる。第2は介護で，食事や入浴，排せつなどの介助を行う。第3は，利用者の生活，身上，介護等についての相談助言，あるいは関係機関との連絡調整を行う。

(2) 資格が活かされる職種・職場

ホームヘルパーは，介護保険制度の開始で社会的に注目を集めるようにな

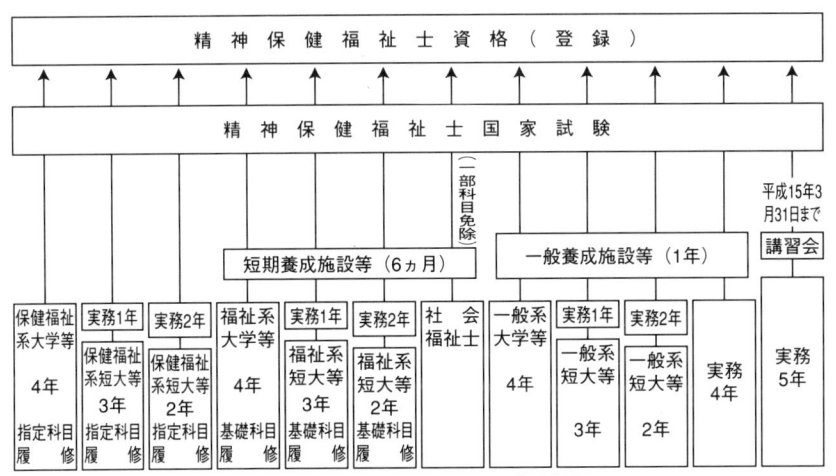

図 4-12 精神保健福祉士の養成課程

```
             ┌─────────────────────────────────────┐
             │     精神保健福祉士資格（登録）          │
             └─────────────────────────────────────┘
                            ↑
             ┌─────────────────────────────────────┐
             │       精神保健福祉士国家試験            │
             └─────────────────────────────────────┘
                                                    平成15年3
                  (一部科目免除)                      月31日まで
         ┌──短期養成施設等(6ヵ月)──┐ ┌─一般養成施設等(1年)─┐ ┌講習会┐
```

| 保健福祉系大学等4年指定科目履修 | 実務1年 保健福祉系短大等3年指定科目履修 | 実務2年 保健福祉系短大等2年指定科目履修 | 福祉系大学等4年基礎科目履修 | 実務1年 福祉系短大等3年基礎科目履修 | 実務2年 福祉系短大等2年基礎科目履修 | 社会福祉士 | 一般系大学等4年 | 実務1年 一般系短大等3年 | 実務2年 一般系短大等2年 | 実務4年 | 実務5年 |

表4-6 ホームヘルパー養成研修のあらまし

	受講時間	受講対象者	研修の概要
継続養成研修	24〜32	1級課程修了者 ・1級課程修了後3年を経過するごとに右の4つのプログラムのうちいずれかを受講する	1級課程修了者の維持・向上に必要な研修 ①チーム運営方式主任ヘルパー業務関連プログラム　　　　　（24時間） ②最新の知識プログラム　（22時間） ③指導技術と介護技術プログラム 　　　　　　　　　　　　（32時間） ④困難事例対応技術プログラム 　　　　　　　　　　　　（26時間）
1級課程	230	2級課程修了者 ・2級課程修了後，原則として1年以上ホームヘルパーとして活動した者	チーム運営方式ヘルパー等の基幹的ヘルパーの養成研修 ・講義：84時間（通信教育） ・実技62時間　・実習：84時間
2級課程	130	ホームヘルプサービス事業に従事する者またはその予定者（常勤またはこれに準ずる勤務形態のホームヘルパーは2級課程を修了すること）	ホームヘルプサービス事業者の基本研修 ・講義：58時間　・実技：42時間　・実習：30時間
3級課程	50	勤務時間の少ない非常勤ヘルパー，福祉公社の協力会員，登録ヘルパー等としてホームヘルプサービス事業に従事する者またはその予定者	ホームヘルプサービス事業入門研修 ・講義：25時間　・実技：17時間　・実習：8時間

（注）「継続養成研修」「1級課程」は，すでにホームヘルパーとして働いている人が対象となる。これからホームヘルパーをめざす人は，「3級課程」または「2級課程」を受講することになる。
（『NHK社会福祉セミナー』2000年8〜11月）

第2節　社会福祉の仕事と担い手

り，主として在宅でのケアワークの専門職として，保健師，看護師，ソーシャルワーカーなどと連携しながら，在宅介護の中心的役割を担っている。

ホームヘルパーが活躍する職場は，従来の行政，社会福祉協議会，特別養護老人ホームが中心だったが，介護保険制度のもとでは供給主体が多様化し，企業で採用もかなり多くなっている。また，NPO（民間非営利団体）などで活動する場合もある。

(3) **資格取得の方法**

ホームヘルパーになるための資格は特にないが，就職後，研修を受けることが義務づけられている。そして，1～3級の課程および継続養成研修課程があり，その内容は表4-6に示す通りである。

また，今後は質の高いサービスを提供していくために，ホームヘルパーにも，介護福祉士の国家資格の取得が望まれている。そこで，ホームヘルパーとして3年以上の実務経験があれば，介護福祉士の受験資格を得ることができる道がある。

また，ホームヘルパー2級以上の者で，指定の条件を満たせば，介護支援専門員（ケアマネジャー）の受験資格を取ることもできる。

5）社会福祉主事

社会福祉主事の資格は，公務員が特定の職種につく場合の任用資格である。社会福祉主事の職場は福祉事務所である。福祉事務所での業務は，生活に困ったり公的なサービスを希望したりしている人々に対して，相談やサービスの決定を行うために，面接，調査，判定などを行うことである。

また，福祉事務所で働く職員は公務員であり，法律により資格が必要となる。

表4-7 免許取得要件および名称・業務独占状況

名称	根拠法	名称独占	業務独占	学校または養成施設の入学または入所資格並びに実務経験等	養成形態	修学・修業期間	国家試験の有無	試験実施者・免許付与者
理学療法士	理学療法士及び作業療法士法	○	△	高校卒	大学，短大，専修・各種学校，盲学校高等部専攻科	3年(大学は4年)	あり	厚生労働大臣
作業療法士	理学療法士及び作業療法士法	○	△	高校卒	大学，短大，専修・各種学校	3年(大学は4年)	あり	厚生労働大臣
視能訓練士	理学療法士及び作業療法士法	○	△	高校卒	大学，専修・各種学校	3年(大学は4年)	あり	厚生労働大臣
社会福祉士	社会福祉士及び介護福祉士法	○		(主たるコースのみ記載)			あり	厚生労働大臣
				1)高校卒 2)福祉系以外の大学 3)福祉系以外の短大 4)学歴問わず	大学で規定の単位取得 福祉系短大等＋実務経験 養成施設 実務経験＋養成施設	4年 実務経験と合わせて4年 大学含め5年 短大・実務・施設含め5年 実務養成5年 5年		
介護福祉士	社会福祉士及び介護福祉士法	○		1)高校卒 2)福祉系大学，社会福祉養成施設等，保育士養成施設等 3)学歴問わず	養成施設(大学・短大，専修・各種学校) 養成施設 実務経験3年 介護等にかかわる技能試験に合格した者	2年 1年 3年 認定	なし なし あり あり	厚生労働大臣
看護師	保健師助産師看護師法		○	1)高校卒 2)准看護師業務経験3年以上	1)大学 2)短大2年または3年課程 3)高等学校専攻科 4)専修・各種学校2年または3年課程	1)4年 2)3年 3)2年	あり	厚生労働大臣
准看護師	保健師助産師看護師法		○	中学校卒	高等学校，専修・各種学校	2年・3年	なし	都道府県知事
保健師	保健師助産師看護師法	○	○	1)高校卒 2)短大卒で看護師国家試験受験資格者 3)看護師国家試験受験有資格者	1)大学 2)短大専攻科 3)専修・各種学校	1)4年 2)1年(実質，指定規則上は6か月以上)	あり	厚生労働大臣

(注) △印は一部について業務独占であることを示す。

(『NHK社会福祉セミナー』1996年4～7月)

4. 社会福祉専門職をめぐる課題

1) 高度な専門職の要求

　今後ますます少子高齢社会が進み，家族機能が弱体化していくなかで，介護サービス基盤整備を図るゴールドプラン21，社会全体での子育て支援をめざす新エンゼルプラン，障害者の自立と社会参加を推進しノーマライゼーションの実現をめざす障害者プランなどの実施や政策のもとで，社会福祉従事者の量的確保および質的向上はますます重要な課題となってくることが予想されている。こうした，社会福祉に従事する人の確保と質の向上をめざすためには，労働条件を改善し，魅力ある職場環境づくりを進めていく必要がある。

　そこで，現在までに行われた対策について述べたい。

　まず，1992年6月，「社会福祉事業法及び社会福祉施設職員退職手当共済法等の一部を改正する法律」（いわゆる「福祉人材確保法」）が成立した。また，この法律にもとづいて，翌年には中央福祉人材センターおよび福祉人材センターの全都道府県設置が行われた。

　また，同年4月には，「社会福祉事業に従事する者の福利厚生の向上を図るための措置に関する基本的な指針」（いわゆる「福祉人材確保指針」）も厚生大臣より告示された。この指針の内容は，専門職としての価値・知識・技術を備えた人材の養成，魅力ある職場づくりによる有能な人材の確保，そして福祉ニーズに対応したサービスの提供を図っていくことであった。

　この指針をふまえて，翌年1994年には「福利厚生センター」が創設され，社会福祉従事者の福利厚生の向上を図ることとなった。

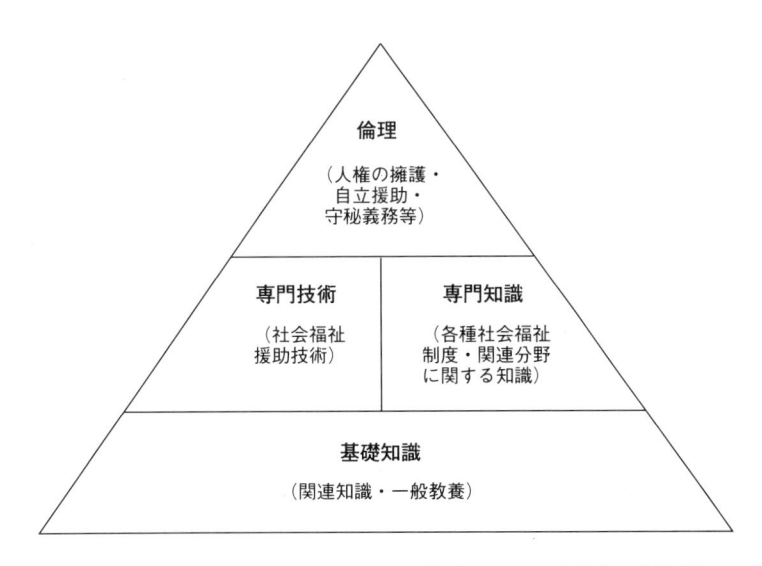

```
        倫理
     （人権の擁護・
      自立援助・
      守秘義務等）

  専門技術          専門知識
 （社会福祉        （各種社会福祉
  援助技術）        制度・関連分野
                   に関する知識）

         基礎知識
      （関連知識・一般教養）
```

社会福祉従事者には、仕事をするにあたって、社会人としての一般教養や職業人としての知識のうえに、社会福祉に固有の専門的な知識や援助技術、倫理が求められる。

図4-13 社会福祉従事者がもつべきもの

(『社会事業研究所年報』第23号、日本社会事業大学)

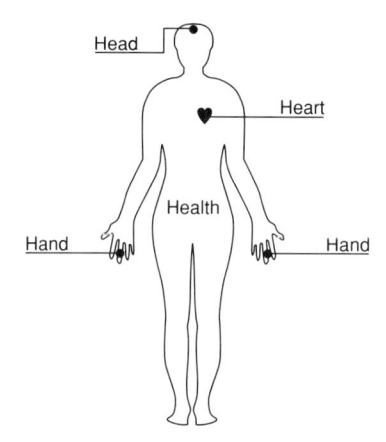

Head
Heart
Health
Hand   Hand

4つのHがあれば、相手の立場に立った援助をすることができる。

図4-14 4つのH

第2節 社会福祉の仕事と担い手

2）利用者に信頼感や安心感を与える名称独占

社会福祉専門職の労働条件や環境は、医師・弁護士など他の専門職に比較して整備が遅れており、改善されるべき点が多い。

特に、社会福祉士と介護福祉士の資格は、医師や弁護士のように業務独占の資格ではなく、名称独占の資格である。

業務独占とは、医師のように有資格者だけしかその業務を行うことのできないものをいう。

一方、名称独占とは、その業務内容は誰でも行うことのできるものだが、その名称は資格を与えられた人しか使用できないというものである。

社会福祉士や介護福祉士の資格は、この名称独占として位置づけられている。つまり、相談援助や介護は一般家庭において日常的に行われていることからも、その行為を制限することは難しく、また、主体性や自主性を尊重したボランティアをも規制するおそれがあることから、名称独占が望ましいと判断されたのである。（表4-7，p.169）。

3）利用者の期待に応えられる専門性の必要

また、名称独占の意義は、社会福祉士や介護福祉士が、人としての尊厳を守ることを基盤とした価値観や専門知識、技術に裏付けられた介護サービスの提供を行うことができる者という信頼感や安心感を利用者に与えることができるところにある。つまり、社会的権威をもつ介護福祉士は、有資格者としての大きな責任がある。そこで、社会福祉士や介護福祉士は、社会福祉専門職としての実績を積んで専門性を身につけることで、その社会的評価を高めていく努力をする必要がある（図4-13，図4-14）。

● 先輩からひとこと

　　　　　　　　　　藤山邦子（特別養護老人ホーム上井草園）

　ソーシャルな仕事をしたいと思い，学び，そして福祉の仕事に携わって10年になります。その間，福祉に対する社会のイメージは大きく変化しました。特別な人が対象ではなく，誰でもが福祉の充実した社会，人間らしい豊かな生活を望んでいます。

　学生時代に社会福祉を勉強しながら，自分の考えが大きく変わったのは，現在の社会福祉が先人達の福祉要求の不断の社会的運動から作り上げられてきたという学びでした。そして生活上の問題が社会という大きな枠のなかの問題として考えられるようになったことです。皆さんのなかでも，生活保護を受けている人に対して，「働こうと思えば働けるのに，怠けではないか」と思う人がいるかも知れません。児童虐待についても「なんて親なんだろう」と思うかもしれません。しかし「働こうと思っても働けない」「自分でもどうしようもなくなって」という個人はどうすることもできない社会の問題として考えてみてください。そして糸賀一雄の「この子らに光を」ではなく「この子らを世の光に」の言葉を忘れないでください。人間の権利という価値基準を自分のなかに大きく土台として据えることです。

　自分がなぜ福祉を学ぼうと思ったのかその原点に立ち戻ること，そして相手から学び，その背景にある家族，地域，社会の問題を考えぬいていくこと，そして実践です。

　福祉という人間と人間の関係を基本とする仕事は深く，難しいものですがやりがいがあります。と同時に勉強すればするほど，福祉を取り巻く状況は厳しいことはわかると思います。私自身仕事をしながら，問題の深さ，困難さに根を上げたくなることもありますが，そこに利用者がまったなしに生活をし，生きていらっしゃると思うとそれが吹き飛びます。

　社会福祉を学ばれ，その仕事を選んでいく皆さん方の一人ひとりの実践・運動が今日の福祉を，明日の福祉をつくりあげていきます。

5. 社会福祉専門職の質的向上

1）感性豊かな自己開発が基盤となる

　人は皆一人ひとりのかけがえのない存在として尊重され，誰もがそれぞれの能力に応じて，その人にふさわしい生き方を選択することができる社会を求めている。そこで，社会福祉サービスを必要とする人々が潜在能力を発揮し，社会関係を維持しながら，主体的に生活を維持することを援助する役割を担う者が必要である。

　こうした役割を担う社会福祉援助者には，人権意識に裏打ちされた人間に対する深い洞察力や自己覚知，専門的知識や技術をもって複雑・高度で多様な利用者のニーズに応えることが要請される（図4-13，p.171）。

　「社会福祉は人なり」といわれるが，特に「人格によって人格に接する」という点からも，社会福祉の仕事では人が強調されるのである。つまり，社会福祉従事者は，自ら専門職としての自覚をもち，人間的な向上のための努力をすることが要請されている。

　社会福祉援助者は，豊かな感性（Heart），確実な専門的知識（Head）と技術（Hand），そして健康（Health）の4つのHをもつことが望まれる（図4-14，p.171）。

2）社会福祉専門職の倫理綱領

　社会福祉専門職は「事実と価値の双方の世界に住む」者とG.コノプカは述べている。これは，社会福祉援助が，事実を客観的に認識する実践の必要性とその実践に主体的価値判断を要求するからである。その価値判断が公平で客観的なものであるためには，社会福祉専門職としてのあるべき姿が必要となる。そこで，社会福祉専門職の守るべき基本的姿勢とその行動のための

方針を示すために，倫理綱領が作成されるのである。

　わが国の社会福祉専門職団体の代表的な倫理綱領は，1986（昭和61）年に定められた日本ソーシャルワーカー協会のものがある（表4-8）。また，1995年11月17日には介護福祉士の職能団体である日本介護福祉士会が，倫理綱領を宣言した（表4-9，p.179）。この倫理綱領は，介護福祉士としてその職務を遂行するときのより所となる価値基準であり，誓いの言葉でもある。

3）社会福祉専門職の視点
(1)　利用者の尊厳を尊重する
　人は人として尊厳を保ちながら，その人らしく生きる権利をもっている。社会福祉専門職は，サービス利用者が，たとえ判断能力が著しく低下した痴呆性高齢者であっても，人間としての尊厳に配慮しながら援助していく姿勢が求められる。たとえば，徘徊という行為も，痴呆性高齢者の方の立場にたてば日常生活における普通の行動であり，問題行動ととらえることは利用者を尊重した援助を行う姿勢に欠けていることになる。むしろ，歩行の障害となっている段差等への配慮などを行うことで，利用者の徘徊を危険のないように支援することが必要である。

(2)　利用者主体と自己決定
　利用者が自らの意思で自分の生き方を決定することができるためには，利用者の自己決定を保障したサービスの提供が必要である。たとえば，特別養護老人ホームの居室のベッド上で日中ぼんやり過ごしている利用者の方の機能低下が心配だからといって，利用者の希望もきかずにクラブ活動への参加を促すのではなく，その利用者が何を望んでいるのかを理解し，利用者が生きがいのもてる関わりをすることが重要である。

表4-8　ソーシャルワーカーの倫理綱領

　　　　　　　　　1986年4月26日・日本ソーシャルワーカー協会の倫理綱領として宣言
　　　　　　　　　1992年4月25日・ソーシャルワーカーの倫理綱領とすることに決定
　　　　　　　　　1993年1月15日・日本社会福祉士会の倫理綱領として採択
　　　　　　　　　1995年1月20日・社団法人日本社会福祉士会の倫理綱領として採択

前　文
　われわれソーシャルワーカーは，平和擁護，個人の尊厳，民主主義という人類普遍の原理にのっとり，福祉専門職の知識，技術と価値観により，社会福祉の向上とクライエントの自己実現を目ざす専門職であることを言明する。

　われわれは，社会の進歩発展による社会変動が，ともすれば人間の疎外（反福祉）をもたらすことに着目する時，この専門職が福祉社会の維持，推進に不可欠の制度であることを自覚するとともに，専門職の職責について一般社会の理解を深め，その啓発につとめる。

　われわれは，ソーシャルワークの知識，技術の専門性と倫理性の維持，向上が専門職の職責であるだけでなく，クライエントは勿論，社会全体の利益に密接に関連していることに鑑み，本綱領を制定し，それに賛同する者によって専門職団体を組織する。

　われわれは，福祉専門職としての行動について，クライエントは勿論，他の専門職あるいは一般社会に対しても本綱領を遵守することを誓約するが，もし，職務行為の倫理性について判断を必要とすることがある際には，行動の準則として本綱領を基準とすることを宣言する。

原　則
1　（人間としての平等と尊厳）人は，出自，人種，国籍，性別，年齢，宗教，文化的背景，社会経済的地位，あるいは社会に対する貢献度いかんにかかわらず，すべてかけがえのない存在として尊重されなければならない。

2　（自己実現の権利と社会の責務）人は，他人の権利を侵害しない限度において自己実現の権利を有する。
　　社会は，その形態のいかんにかかわらず，その構成員の最大限の幸福と便益を提供しなければならない。

3　（ワーカーの職責）ソーシャルワーカーは，日本国憲法の精神にのっとり，個人の自己実現，家族，集団，地域社会の発展を目ざすものである。また，社会福祉の発展を阻害する社会的条件や困難を解決するため，その知識や技術を駆使する責務がある。

クライエントとの関係
1　（クライエントの利益の優先）ソーシャルワーカーは，職務の遂行に際して，クライエントに対するサービスを最優先に考え，自己の私的な利益のために利用することがあってはならない。また，専門職業上の知識や技術が，非人間的な目的に利用されないよう自戒する必要がある。

2　（クライエントの個別性の尊重）ソーシャルワーカーは，個人・家族・集団・地域・社会の文化的差異や多様性を尊重するとともに，これら差異あるクライエントに対しても，同等の熱意をもってサービスや援助を提供しなければならない。

3　（クライエントの受容）ソーシャルワーカーは，クライエントをあるがままに受容し，たとえクライエントが他者の利益を侵害したり，危害を加える恐れのある場合であっても，未然に事故を防止し，決してクライエントを拒否するようなことがあってはならない。

4 （クライエントの秘密保持）ソーシャルワーカーは，クライエントや関係者から事情を聴取する場合も，業務遂行上必要な範囲にとどめ プライバシー保護のためクライエントに関する情報を第三者に提供してはならない。もしその情報提供がクライエントや公共の利益のため必要な場合は，本人と識別できる方法を避け，できれば本人の承認を得なければならない。

機関との関係
1 （所属機関と綱領の精神）ソーシャルワーカーは，常に本倫理綱領の趣旨を尊重しその所属する機関，団体が常にその基本精神を遵守するよう留意しなければならない。
2 （業務改革の責務）ソーシャルワーカーは，所属機関，団体の業務や手続きの改善，向上を常に心がけ，機関，団体の責任者に提言するようにし，仮に通常の方法で改善できない場合は責任ある方法によって，その趣旨を公表することができる。
3 （専門職業の声価の保持）ソーシャルワーカーは，もし同僚がクライエントの利益を侵害したり，専門職業の声価を損なうようなことがある場合は，その事実を本人に指摘したり，本協会に対し規約第7条に規定する措置をとることを要求することができる。

行政・社会との関係
1 （専門的知識・技術の向上）ソーシャルワーカーは，常にクライエントと社会の新しいニーズを敏感に察知し，クライエントによるサービス選択の範囲を広げるため自己の提供するサービスの限界を克服するようにし，クライエントと社会に対して貢献しなければならない。
2 （専門的知識・技術の応用）ソーシャルワーカーは，その業務遂行によって得た専門職業上の知識を，クライエントのみならず，一般市民の社会生活上の向上に役立てるため，行政や政策，計画などに積極的に反映させるようにしなければならない。

専門職としての責務
1 （専門性の維持向上）ソーシャルワーカーは，同僚や他の専門職業家との知識経験の交流を通して，常に自己の専門的知識や技能の水準の維持向上につとめることによって，所属機関，団体サービスの質を向上させ，この専門職業の社会的声価を高めなければならない。
2 （職務内容の周知徹底）ソーシャルワーカーは，社会福祉の向上を目ざす専門職の業務や内容を一般社会に周知させるよう努力しなければならない。この場合，公的な場での発言が個人としてのものか，専門職としての立場によるものかを明確にする必要がある。
3 （専門職の擁護）ソーシャルワーカーは，実践を通して常にこの専門職業の知識，技術，価値観の明確化につとめる。仮にもこの専門職が不当な批判を受けることがあれば，専門職の立場を擁護しなければならない。
4 （援助方法の改善向上）ソーシャルワーカーは，同僚や他の専門職業家の貢献や業績を尊重し，自己や同僚の業績やサービスの効果，効率について常に検討し，援助方法の改善，向上に心がけなければならない。
5 （同僚との相互批判）ソーシャルワーカーは，同僚や他の専門職業家との間に職務遂行の方法に差異のあることを容認するとともに，もし相互批判の必要がある場合は，適切，妥当な方法，手段によらなければならない。

(3) 潜在能力の活用と自立支援

　高齢者は身体的あるいは精神的に障害をもっている人が多く，生活のあらゆる場面で介助が必要な状態となり，自分自身の存在価値を見いだせなくなっている人が多い。しかし，人は皆かけがえのない存在であり，その人がそのことに気づき，意欲的に社会生活を送れるように支援することが必要である。そのためには，社会福祉専門職は高齢者の潜在能力や残存能力を引き出し，利用者の自立支援をめざすために，専門的技術や知識を身につける必要がある。

(4) プライバシーの保護

　社会福祉の援助は，利用者との信頼関係の上に成立している。つまり，利用者は介護者を信頼できなくては，安心して介護をゆだねることはできない。そして，個々の介護者が信用を得ることが，介護職全体の社会的な信用を得ることにつながる。そこでは，個人の自覚ある行動が要求されるのである。

　個人の私的な生活に深く関わる介護の仕事は，特に利用者のプライバシーや秘密を知りうる立場にある。たとえば，家庭の様子，経済状態，家族員の健康状態や職業，過去の経歴，身体の特徴など，できるなら他人に知られたくない生活場面は多くある。そのような職務上知り得た情報を，正当な理由なく他人に漏らすことは絶対許されない。

　つまり，秘密保持義務が守られることが，専門職の行う介護が社会的に高い評価を得ることにつながる。

(5) 連携は情報の共有化をめざす

　連携とは他職種の人々と協力し，利用者の生活課題を解決するために，情報の共有化を行うことである。

　利用者から知りえた情報は，利用者の承諾のもとに関係する専門職間で共通理解する必要がある。それは，専門職がそれぞれバラバラの価値観で利用

表 4-9　日本介護福祉士会倫理綱領（1995年11月17日）

〈前文〉
　私たち介護福祉士は，介護福祉ニーズを有するすべての人々が，住み慣れた地域において安心して老いることができ，そして暮らし続けていくことのできる社会の実現を願っています。
　そのため，私たち日本介護福祉士会は，一人ひとりの心豊かな暮らしを支える介護福祉の専門職として，ここに倫理綱領を定め，自らの専門的知識・技術及び倫理的自覚をもって最善の介護福祉サービスの提供に努めます。

〈利用者本位，自立支援〉
1．介護福祉士は，すべての人々の基本的人権を擁護し，一人ひとりの住民が豊かな暮らしと老後が送れるよう利用者本位の立場から自己決定を最大限尊重し，自立に向けた介護福祉サービスを提供していきます。

〈専門的サービスの提供〉
2．介護福祉士は，常に専門的知識・技術の研鑽に励むとともに，豊かな感性と的確な判断力を培い，深い洞察力をもって専門的サービスの提供に努めます。
　また，介護福祉士は，介護福祉サービスの質的向上に努め，自己の実施した介護福祉サービスについては，常に専門職としての責任を負います。

〈プライバシーの保護〉
3．介護福祉士は，プライバシーを保護するため，職務上知り得た個人の情報を守ります。

〈総合的サービスの提供と積極的な連携，協力〉
4．介護福祉士は，利用者に最適なサービスを総合的に提供していくため，福祉，医療，保健その他関連する業務に従事する者と積極的な連携を図り，協力して行動します。

〈利用者ニーズの代弁〉
5．介護福祉士は，暮らしを支える視点から利用者のニーズを受け止め，それを代弁していくことも重要な役割であると確認したうえで，考え，行動します。

〈地域福祉の推進〉
6．介護福祉士は，地域において生じる介護問題を解決していくために，専門職として常に積極的な態度で住民と接し，介護問題に対する深い理解が得られるよう努めるとともに，その介護力の強化に協力していきます。

〈後継者の育成〉
7．介護福祉士は，すべての人々が将来にわたり安心して質の高い介護を受ける権利を享受できるよう，介護福祉士に関する教育水準の向上と後継者の育成に力を注ぎます。

者にかかわることのないように，統一した見解のもとにサービスの提供をしていくことが求められているからである。

　社会福祉士及び介護福祉士の義務としても規定されている連携は，この秘密保持義務を厳密に守るとすれば，大変厳しい条件のもとで，実行されることが要求される。

　つまり，利用者のプライバシーの保護のために秘密保持義務を守りながら，一方では他職種との連携をとりながら，情報の共有化を行うことが社会福祉専門職には要求されるのである。

研究課題
- なぜ，保健・医療・福祉の各分野は連携をはかっていく必要があるのかを話しあいましょう。
- 私たち「福祉専門職のたまごの誓い」を各グループごとにつくり，発表しましょう。
- 社会福祉の「ニーズ」は，なぜ生活者の視点からとらえる必要があるのか，考えてみましょう。
- 社会福祉専門職の携わる仕事について，それぞれグループで具体的に調べ，発表しましょう。
- プライバシーを守ることがなぜ必要なのか，話し合ってみましょう。
- 介護技術を受ける人の自己決定が尊重されなければならないことについて，意見を出し合ってみましょう。

さらに学びを深めるために
書　籍
- 秋山智久『社会福祉実践論』ミネルヴァ書房，2000

夜勤に向かう

午後四時に夜勤が始まるから
戸を閉めて　出かける
紺色の買物車に　こどもたちへの
センベイ，パンなどつめて
母がきてくれた日から宿り出した
太いたち切れない糸と
かかえ切れない思いやりの蓄積

九十にもなる　寝た切りの
祖父母の居る
父と母と老いた家庭
日毎　年を重ねるごとに
耐えている
生きていることの強い愛しさ。

わたしたちは
いつだって　そうだった
野良仕事の手を休めながら，
ふりあおいだ空，なであげた髪，
何度　こうして
幸せを　求め続けたのだろう
自分を押し上げようとしながら
精一杯働き　少しでも

前へ進もうとしたことだろう
遠かったしあわせ
けれど見つめ続けるしあわせ

出かけてくる母の愛の深さを知らないで
いつだって手をつないで歩いている
眩しい
なつかしさを知らないで
つながりを
血の深さを知らないで
どうして
こんにち
ここに
こうして　いられるのかと
翌朝九時までの勤務のために
ためらわずに
扉を閉めて
励まされるように
勤務に　向かう。

（西條スミエ『老人ホームの詩』同時代社）

- 糸賀一雄『福祉の思想』NHK ブックス，1995
- F. P. バイステック（尾崎新他訳）『ケースワークの原則』誠信書房，1996
- 杉本敏夫他編『新しいソーシャルワーク—社会福祉援助技術入門』中央法規出版，1998
- 大塚達雄『ソーシャル・ケースワーク論』ミネルヴァ書房，1994
- 一番ヶ瀬康子・古林詩瑞香『人生のフィナーレを考える』岩波書店，1994

ビデオ
- 「奇跡の人」ワーナーホームビデオ
- 「ケアマネジメントにおけるケアプランの作り方」中央法規出版制作

第5章

これからの社会福祉への視点

　社会福祉がもっと私たちの役に立つようにするにはどうしたらよいか，考えましょう。

　特に，地域でぬくもりのある社会をつくりあげていくためのボランティア活動のあり方も考えましょう。

　ボランティアと社会福祉の仕事に携わっている人々が，それぞれ協力し，文化としての福祉のあり方をさらに盛り上げていく努力について学びましょう。

第1節
福祉のまちづくり

1．社会福祉の現状と課題を見つめる

　社会福祉は歴史のなかで大きく変化，変容していったことは，すでに学習した通りである。

　人々の生活が著しく変われば，そのなかから具体的な福祉のニーズもまた変わらざるをえない。したがって，人々の需要がいかなるものかをきちんととらえていかなければならない。たとえば，法律や制度は人間が人間のためにつくったものであり，それが現実と合わなくなれば，その運用をより有効にするために最大限の努力を払うとともに，より十分なものに変えていく努力をすることが求められる。また，不備なものに対しては運用や実践を通じて，新しい法律や制度，そして仕組みをつくっていく必要がある。

　ただ，そうした対応をするときには，政策側の意図によって規制されるので，必ずしも即応しないこともある。したがって，現在，福祉需要を高めているものは何かを明らかにしつつ，そのあり方を考えていく必要がある。

　そのためには，まず現実をきちんと把握しなければならない。たとえば，社会福祉を必要とする生活等の問題が現在どのようなものであり，どのようなかたちで人々に不都合を生じさせているのか，その原因は何なのか——こうした現状を厳しい目でより正確に把握し，そのうえで矛盾した問題点や不合理な問題を見つけ出し，互いに確認し合っていくことが必要である。

　こうした問題を，常に私たちの身近に存在するもののなかから見つめていく目を持つことが，これからの社会福祉を改善し，より多くの人々が豊かに

表5-1　社会福祉資源

○相談・情報提供　　福祉事務所，児童相談所など
○在宅福祉　　社会福祉協議会，社会福祉法人，営利法人など
○施設福祉　　行政機関，民間法人など
○保健・看護　　保健所，医師会など
○ボランティア活動など　　民生委員，住民参加団体など
○福祉教育　　学校，社会福祉協議会など
○住宅　　公営住宅，民間住宅
○医療　　病院，訪問医療など

＊公的サービスだけでなく，地域での相互扶助や民間サービスも大切な資源である。
＊身体障害者補助犬法（2002〈平成14〉年）も制定された。

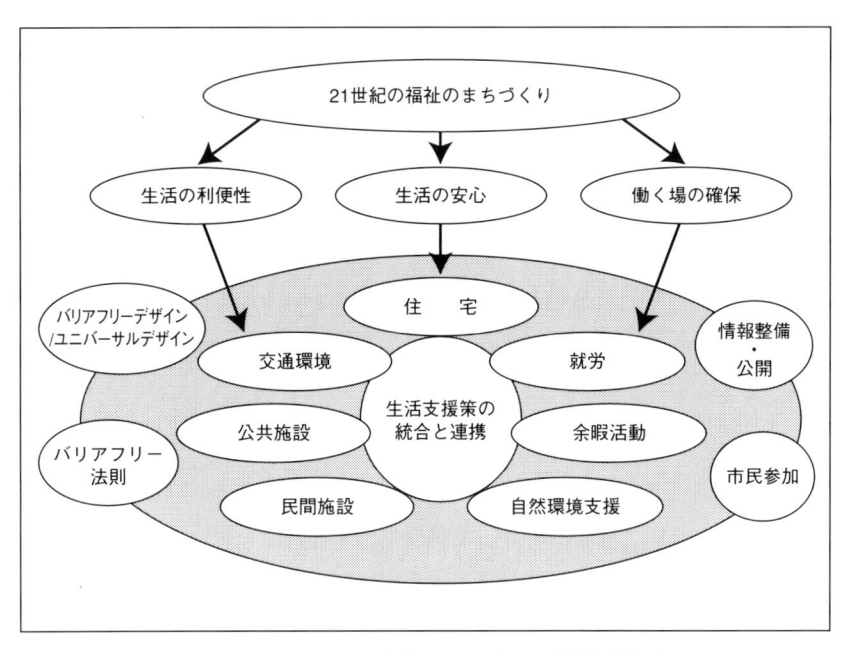

図5-1　これからの福祉のまちづくりが目指す領域
（高橋儀平「福祉のまちづくりの歴史的展開」
『OTジャーナル』VOL.35, No.6, 2001年6月）

第1節　福祉のまちづくり

暮らし，よりよい社会を築いていく第一歩となる。

2．生活圏のなかでのまちづくり

　地域ということを考えたときに重要な点は，地域とは単なる空間ではなく，そこで生活を営む人にとっての土台でありまた拠点であるということである。生活圏というとらえ方があるが，より狭くいえば，まず日常的に顔を合わせる"向こう三軒両隣"の関係が地域の核となる。

　しかも，その生活圏では，歩いて行ける範囲で日常生活のさまざまな需要が満たされる必要がある。具体的にいえば，歩いて行ける距離の場所に毎日の食事に必要な食べ物を売る店があるとか，銀行，郵便局，役所などがあるということである。また，病気やけがといったときには，対応できる病院や医院があるとか，高齢者のための介護保険においてかかりつけ医等の医療機関があることが極めて重要である。さらに，文化・娯楽・スポーツ施設や地域住民のための集会所があって，そこへ行けば仲間や住民との交流ができるといった形態が望まれる（表5‐1）。

　とりわけ高齢者や障害者が自立し地域に参加して生活していくためには，こうしたまちづくりは不可欠といえる。

　そのような生活圏をまずめざし，さらに道路の整備や周辺の自然環境に配慮したまちづくりをしていかなければならない（図5‐1）。

　これまでの日本の都市計画は，産業優先，車社会優先のなかで進められてきた。そこでつくられる道路には，車を優先させるために歩行者の横断には歩道橋を多くつくってきた。歩道橋を渡るのは元気な若者には問題ないが，足腰の弱い人，高齢者，障害者，赤ちゃん連れの親などにとっては大変に苦労を伴う。向かい側の店に行くこともおっくうになってしまうため，ついつい閉じこもりがちになってしまうことがある。こうしたことが，結果的には

表5-2 外出時の障害（60歳以上の者，複数回答）

特にない	61.6%
道路に階段，段差，傾斜があったり，歩道が狭い	14.5%
交通事故が多く不安	11.3%
バスや電車など公共の交通機関が利用しにくい	10.9%
道路に違法駐車，放置自転車，荷物の放置などがある	10.0%
トイレが少ない，使いにくい	6.7%
街路灯が少ない，照明が暗い	6.0%
ベンチや椅子など休める場所が少ない	5.4%
公共施設などに階段，段差が多く不安	4.9%
標識や案内表示が少ない，わかりにくい	3.2%
その他	0.8%

（総務庁「高齢者の日常生活に関する意識調査」1999年7月）

　高齢者や障害者が，トイレを気にせずに外出できるように，静岡県では，コンビニエンスストアーなどの既存のトイレを一般に開放するよう店舗に呼びかけている。このような店舗には，「ほっトイレ協力店」のステッカーが表示されている。この取組みは1998（平成10）年度から始まり，当初はコンビニエンスストアー4系列の約700店が協力していたが，1999（平成11）年度には新たにガソリンスタンドなどが加わり，現在では約760店が協力店となっている。一部の店舗では，車椅子で利用できる。
　利用者からは，気軽にトイレを借りることができるようになったとの声が寄せられており，今後更に協力店が拡大することが期待される。

ほっトイレ協力店のステッカー

図5-2 トイレの一般開放——「ほっトイレ」静岡県

（『厚生白書』平成12年度版）

第1節　福祉のまちづくり

さらに足腰を弱くし，寝たきりの人を増やす一因にもなってくる。

　道路において歩道橋とともに問題なのは，歩道の段差である。段差があると高齢者はつまずきやすいし，ちょっとした転倒でも骨折することがあり，寝たきりにつながる恐れがある。また，車椅子を使う人，視力の弱い人にとっては，段差での移動には危険や困難を伴う（表5-2）。

　このような歩道橋や段差，車の往来の激しさを車社会のなかでどのようにして克服していかなければならないかは，福祉のまちづくりにおける今日の課題である。

　歩行者はだれでも苦痛なく安心して歩けるまち，そして歩きながら植物などの自然環境を楽しめるまち，行き交う人々と笑顔で声をかけ合うことのできるまち——こうしたまちづくりを目指して考えていかなければならない。

　福祉のまちづくりのもうひとつの課題は，バリアフリーの問題である。公共の建物や駅，多くの人が出入りする劇場，ホテル，映画館などにおいては，障害を持つ人たちが安心して利用できるような設計・設備がなされるべきである。たとえば，車椅子の人が通れるような段差のないフロア，トイレ，エレベーターなどの設置である。その点においては，生活圏を守りさらに行動圏を広めるためのバリアフリーとして，一つにはハートビル法，交通バリアフリー法等が制度化された（表5-3）。

　近年，福祉のまちづくりが各自治体での大きな努力目標とされてきている。それは，かつてのような産業中心の鳥瞰的な都市計画ではなく，生活者の視点からの虫瞰的な個性あるまちづくりである。都市生活は，そうしたまちづくりをパッチワーク方式で組み合わせてつくる必要があるといわれてきている（図5-2）。

　ハード面での社会福祉においては，このような視点を持って，住民としても社会福祉にたずさわっていく者としても，今後十分に参加していく必要がある。

■ハートビル法（高齢者，身体障害者等が円滑に利用できる特定建築物の建築の促進に関する法律）

　劇場，病院，百貨店等の不特定多数の者が利用する特定建築物の出入口，廊下，トイレ，駐車場等について，高齢者や障害者が円滑に利用できるよう，建築主に対する判断基準（努力義務），都道府県知事による指導・支援のための措置などについて規定した法律。1994（平成6）年9月施行。

（『厚生白書』平成12年度版）

■福祉のまちづくり条例

　すべての人の社会参加を目指す「福祉のまちづくり」を計画的かつ効果的に推進するためには，住民に身近な地方公共団体が主体となって，地域の実情に応じた総合的かつ具体的な福祉のまちづくりの計画を行い，推進することが重要である。

　地方公共団体では，1970年代頃から生活空間のバリアフリー化への関心が芽生えてきた。1993（平成5）年の大阪府による「福祉のまちづくり条例」の制定を始めとして，全国の都道府県，市町村において「福祉のまちづくり」指針，要綱，条例制定の動きが活発化している。また，地方公共団体レベルでの取組みを促すため，厚生省と建設省が中心となって「福祉のまちづくり計画策定の手引き」を1996（平成8）年3月に作成した。現在，ほぼ全都道府県において福祉のまちづくり条例が制定されている。

（『厚生白書』平成12年度版）

■交通バリアフリー法（高齢者，身体障害者等の公共交通機関を利用した移動円滑化の促進に関する法律）

　高齢者，障害者等の公共交通機関を利用した移動の利便性・安全性の向上を促進するための法律である。具体的には，鉄道駅等の旅客施設及び車両について，公共交通事業者によるバリアフリー化を推進する。また，鉄道駅等の旅客施設を中心とした一定の地区において，市町村が作成する基本構想に基づき旅客施設，周辺の道路，駅前広場等のバリアフリー化を重点的・一体的に推進することを規定した法律。2000（平成12）年11月施行。

（『厚生白書』平成12年度版）

第1節　福祉のまちづくり

3．地域福祉の視点

　これからの社会福祉を考えるときに，最も重要な視点は生活圏を基盤とした「地域福祉」の視点である。その場合，その地域を制度化されたもとでの行政の努力だけで福祉需要を支えられるかという問題がある。

　第1章でもふれたように，今日地域福祉を考えるときに大きな問題となるのは，家族の力が弱まったということである。家族は少子高齢化の進展とともに，子どもの数が減り，家族構成人数が少なくなってきている。そのなかでは，昔のように家族の人数が多く，しかも互いに助け合って仕事や生活，介護を支え合うという力がなくなってきている。

　したがって，いざ介護の必要が生じたときにも，老人のみの家族で介護が負担だとか，若い人がいても介護のために仕事を辞めなければならないなど，家族のなかで対応していくのは困難が多い。また，子どもが就職する場合，親元を離れて遠方の地に勤務する場合も多い。万一年老いてから親が子どものもとへ居を移したとしても，近くに仲間がいない，自然環境が異なってなじみにくいなど，老後を豊かに暮らすには無理や負担が生じやすい。

　家族状況がいかなるかたちであるにせよ，いざというときには近くですぐに助け合えることが望ましいわけである。日頃の仲間づきあい，子育て，犯罪防止，地域活動などをはじめ，急病や事故，水害，震災などといった突発的なことへの対応まで，多くの分野で地域での力を考えることが必要となってきている。すなわち，日常的に顔を合わせ，いざというときに助け合える向こう三軒両隣の関係が，まず地域の核となる必要がある。

　向こう三軒両隣の関係の重要性は，1995（平成7）年の阪神淡路大震災のときに，多くの人々が近隣の人たちに助けられ支えられたと証言していることからもわかる。特に近隣が仲が良かったり親密であるときには救命非難活

表 5-3　交通バリアフリー法による2010年の整備目標

旅客施設	1日当たり利用者数5,000人以上の鉄軌道駅，バスターミナル，旅客ターミナル，航空旅客ターミナルについて，段差解消，視覚障害者誘導用ブロック，身体障害者用トイレなどの整備を実施
車両等	・鉄軌道車両：車両総数約51,000台の30%，15,000台のバリアフリー化 ・乗合バス：原則として今後10年～15年で低床化された車両に代替，ノンステップバスは，バス総数約60,000台の20～25%，約12,000～15,000台の整備 ・旅客船：総数1,100隻の50%，約550隻のバリアフリー化 ・航空機：総数420機の40%，180機のバリアフリー化
一般交通施設	重点整備地区の主要な特定経路を構成する道路，駅前広場，通路等について原則としてバリアフリー化
信号機等	音響信号機，高齢者等感応信号機等の歩行者用道路標識，横断道路標示等の設置を原則としてすべての特定経路で実施

(高橋儀平「福祉のまちづくりの歴史的展開」『OTジャーナル』VOL.35, No.6, 2001年6月)

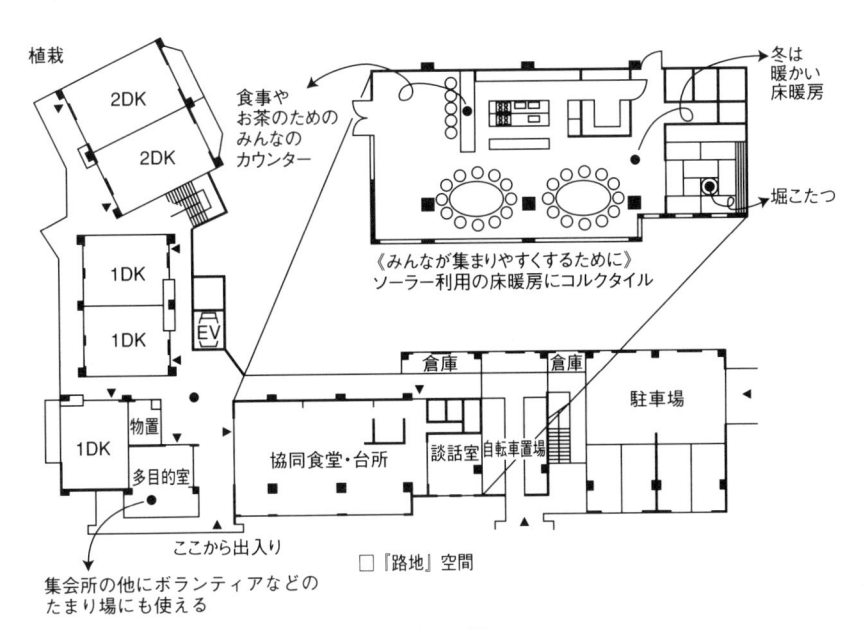

1階平面図

コレクティブハウジング
個々が独立した住宅であるが，共同の食堂や台所，談話室などの共用できるスペースがある集合住宅もある。このような住居は，つきあいを大切にして，お互いに助け合いながら生活できる設計である。

図 5-3　コレクティブハウジング（真野ふれあい住宅；神戸市）

(『厚生白書』平成12年度版)

動も助け合って，敏速または的確になされたといわれた。

　その意味において，"遠くの血縁より近くの仲間"と言われるように，地域での仲間づくりが不可欠である。それと同時に，地域ごとのそうした仕組みづくりが必要である。その場合，いざというときに的確に緊急事態に対応できるような地域になっているか，すなわち緊急通報システムをどのような仕組みでとらえているか，または警察との対応，緊急要因の存在，そのあり方などが大きな課題となってくる。

　この点においても，実際に住民として住んだときの地域状態を念頭に置きながら考え，認識またイメージし，介護福祉の専門家となったときの具体的な発言につなげていく必要がある。

　このように，現在は地域を基盤とした福祉のあり方が積極的に創造されることが重要な時期である。社会福祉法においても，地域福祉が主要な福祉のあり方として制度化されたことは，そのことを意味する。

　なお，快適な生活を考えたときに，忘れてはならないのは住宅の問題である。住宅が十分にその人が生涯自立して暮らしていけるようなものになっているかどうか。たとえば，段差がない床，車椅子でも通れる廊下やトイレ，階段の手すり，風呂場での緊急ブザーなどが考えられる。また，緊急通報などの設備が，前述したような地域とのつながりを持ったものになっているかどうか，ということが大事である。このことについては，福祉住環境という言葉で今日注目されている（図5-3）。

　この福祉住環境をより改善していくためには，ホームヘルパーにおいては，リフォームヘルパーあるいは新たな資格としては福祉住環境コーディネーターの動向が注目される。

　いずれにしても，地域福祉が単なる言葉だけで終わらないように，ハード面，ソフト面，そしてそれをつなげるシステムをどうするか，それに対する認識を福祉の立場からいかに考えていくかが今問われている（図5-4，図5-5）。

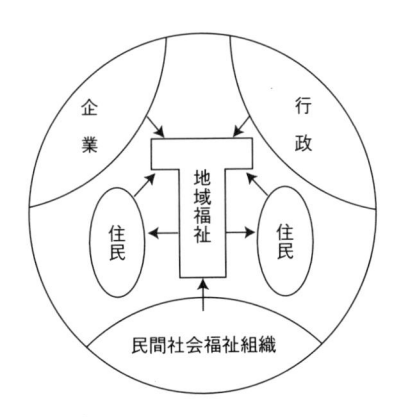

地域社会は公私の社会福祉組織および社会福祉サービスの提供者と利用者をつなぐネットワークの中心に位置づけられる。

図5-4　社会福祉の構図

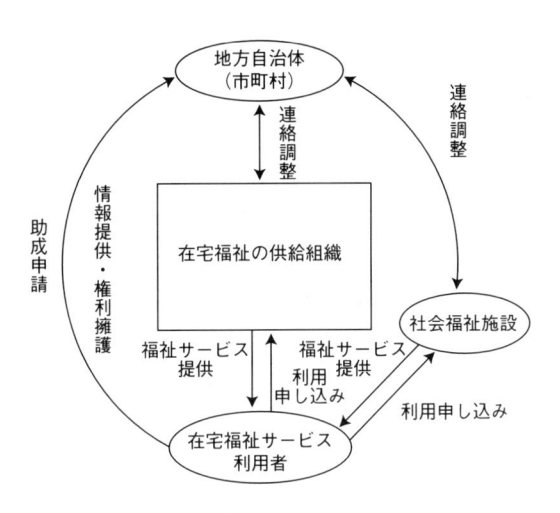

「措置から利用へ」という新しい社会福祉の供給システムが推進されつつある。ここでは利用者が利用したい施設や在宅サービスの提供者と直接契約する方法がとられている。

図5-5　福祉の供給システム

第1節　福祉のまちづくり

第2節
ボランティアとNPO

1. ボランティアの意味と意義

　社会福祉は，ボランティアの力なくして今日の状態にはならなかったといえよう。これまで，ボランティアの提案，活動，要求，さらには運動などが世間を動かし，政治における努力を生み出し，それが社会福祉を制度化し，運用されることになって，人々の福祉需要はある程度満たされてきた。さらに，満たされない人の問題は，ボランティアによって努力されていくという循環のなかで社会福祉は高まってきたのである。

　ボランタリーの活動と立法的活動との相互作用については，今ではきわめて重要な課題である。新しく社会福祉制度をつくり出していく時代にも，先駆的活動を通して重要であった。

　現在のようにすべての人々が社会福祉の需要者になった時代には，制度の運営のみでは満たされない。むしろ制度とともに，それを補い支えるばかりでなく，ボランティア自体が積極的に事業をつくり出した，新たな先駆者としての意味が大きい。

　ボランティアとは，単に無償の行為をいうのではない。言葉そのものは「志願兵」ということから生じたものであるが，社会参加，社会貢献，助け合い，人と人とのふれあいなど，さまざまな側面を持つ。それは，自ら主体的に活動することが基本であり，活動する人がそれぞれの考えや思いを持って行い，他人から強制されて行うのではない。自らやろうという積極的な意思によって，活動に参加するものである。

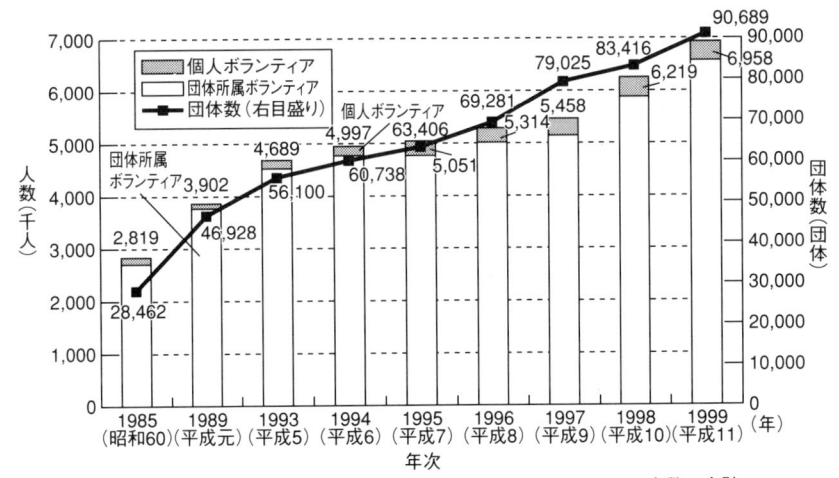

図5-6　全国のボランティア活動者数等の推移

（全国社会福祉協議会　全国ボランティア活動振興センター「ボランティア活動年報1998」
及び1999〈平成11〉年3月現在，全国ボランティアセンターが把握している数値による）

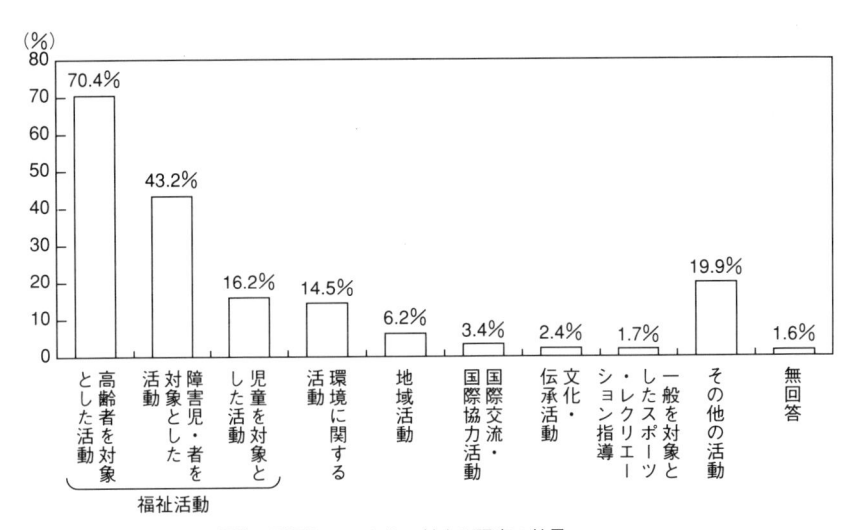

（注）棒グラフ上の数字は、団体所属ボランティア及び個人ボランティアの人数の合計

図5-7　主なボランティア活動の内容（複数回答）

（全国社会福祉協議会「全国ボランティア活動実態調査」〈個人向け調査〉1996年度）

（注）ボランティア団体に所属している人に対する調査の結果

第2節　ボランティアとNPO

報酬を目的としないという意味では無報酬が原則となるが，同時に実費弁償あるいは事業体としての必要経費として認められる動向も今日は強い。また，それは市民自体の相互扶助でもある。

　たとえば，市場価格で1万円の家事援助がボランティアによって2,000円で実施されるとすれば，それは5分の1の価格であるところから，後の5分の4はボランティアであるといえよう。このように，5分の4ボランティアあるいは5分の1ボランティアなどといったことは，そのボランティアと利用者との関係のなかで定められていくものである。

　このようなボランティアが，特に介護保険制度の実施前後から，急激に介護を巡って増えてきている。特に，生活協同組合，農業協同組合，その他非営利の組織などで，地域の主婦の体験等から出発し，広範な広がりをみせてきている。その広がりはさまざまな分野において，主婦，定年退職者，学生を中心に，浸透してきている（図5-6，図5-7，図5-8）。

　また，タウンモビリティなどのように新しい取り組みも各地に広がってきている。

2．ボランティアとNPO

　日本でボランティアが多くの人々に注目されるようになったのは，阪神・淡路大震災のときであった。倒壊したビルの下敷きになったり，家を失ったり，けがをした被災地の人たちのもとに，全国から130万人のボランティアが集まってきた。彼らは各所に散らばって，行政の力の及ばないところをカバーし，被災者の救援に大活躍した。

　この活躍ぶりがマスコミを通じて多くの人に知られることになり，ボランティアの存在価値や必要性がよりいっそう人々に認識されていった。このように大規模にボランティアが活躍したことは，これまでの日本にはなかった

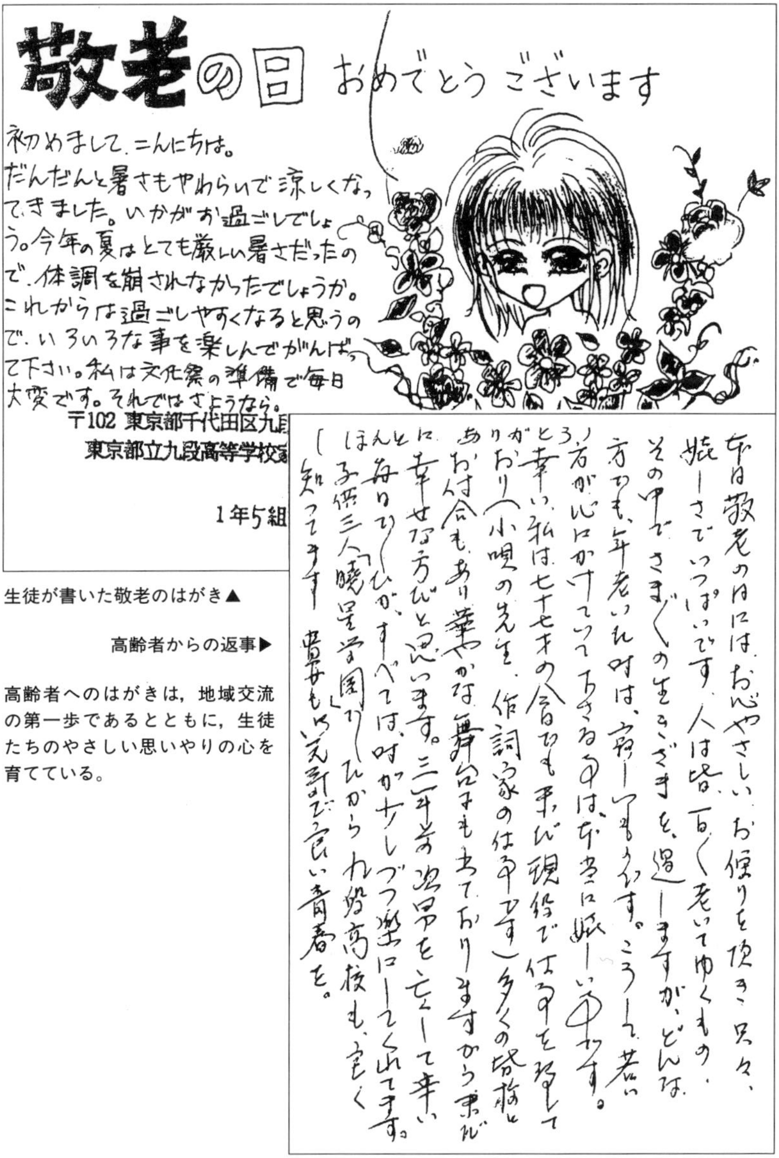

生徒が書いた敬老のはがき▲

高齢者からの返事▶

高齢者へのはがきは，地域交流の第一歩であるとともに，生徒たちのやさしい思いやりの心を育てている。

図5-8　生徒が書いた敬老のはがきと高齢者からの返事

(『ボランティア活動ノート』一橋出版，1999)

第2節　ボランティアとNPO

ことである。わが国の歴史上始まって以来のことで，この年をもってボランティア元年とも呼ばれた。

その2年後，日本海で重油流出事故が起こり，ここにも多くのボランティアが駆けつけ，寒風のなかで重油にまみれた海岸の清掃に尽力した。こうしたボランティア意識の高まりと活動の力を定着させ，日本各地に団体として育てていこうという世論が高まってきた。

そのなかで，1998年には，国会において議員立法で特定非営利活動促進法（NPO法）が成立し，施行されることとなった。NPOはNon-Profit-Organizationの略で，非営利組織（機関・団体・事業体）と訳される。この組織は，名前の通り営利を目的としない活動を行い，不特定多数に寄与する団体として，継続的・発展的に活動をしていくものである。NPO認証の団体として法人格を取得するためには，都道府県（または経済企画庁）に申請し認定されることが必要となる。

最近は，NPO法人として認証を受ける団体が大変に多くなってきて，全国で約2,000近い団体（2000年時点）に達している。

このNPO法人の団体に所属して，全国で多くのボランティアが活動している。また，この認証を受けない任意の団体でも多くのボランティアが活動しているが，認証を受けないボランティア団体ならば，個人個人が集まって活動するだけでよいし，個々の事情で継続できなくなったらいつでも自由意思でやめることができる。

NPOはすでにオランダやイギリス，アメリカなどで多くの活動人員を持ち，この活動が社会福祉を支えている面が大きい。わが国でも今後の積極的な動きが注目されている。

しかし，わが国のNPO法は未だアメリカなどのそれに比べて不十分であり，この点においてこれから福祉活動のボランティア活動をどのように考えるかということとの関連で問題が問われている。

■　タウンモビリティ（広島県広島市）

　「タウンモビリティ」とは，高齢者や障害者が外出しやすいように，自治体や民間ボランティアが街の中心部のショッピングセンターや駐車場などの拠点で，電動スクーターを貸し出すなど，地区内の移動用に気軽な「足」を提供する取り組みをいう。イギリスで，「ショップモビリティ」として行われている取り組みをモデルとして，わが国では，買い物だけでなく街を楽しむという趣旨で，タウンモビリティと呼ばれている。わが国でもすでにいくつかの地区でタウンモビリティが実現している。

　住民が主体となってタウンモビリティを導入した地区もある。広島市の中心部から西に10kmほどの楽々園地区（広島市佐伯区）は，約30年前に分譲された住宅地であり，高齢化が進んでいる。このため，高齢者が安心してまちに出かけることができるよう，住民が中心となり，町内会や商店街の協力を得ながら，1999年10月からタウンモビリティが本格的に導入されている。1回の利用時間は2時間程度，希望者にはボランティアが付き添う。運営は市民グループが担っており，1日平均5人程度が買い物や通院などに利用している。

■　特定非営利活動促進法（NPO法）

　福祉，環境，国際協力，まちづくりなどさまざまな分野でボランティア活動などを行う民間の非営利活動団体（Non-profit Organization；NPO）に対して法人格を取得する道を開く特定非営利活動促進法（いわゆるNPO法）が1998年に施行され，多くの非営利活動団体が特定非営利活動法人（NPO法人）として認証されている。経済企画庁の調べでは，2000年3月末現在，全国で1,724法人が認証されており，そのなかで，保健，医療または福祉の増進を図る活動に取り組むNPO法人は，6割を超えている。

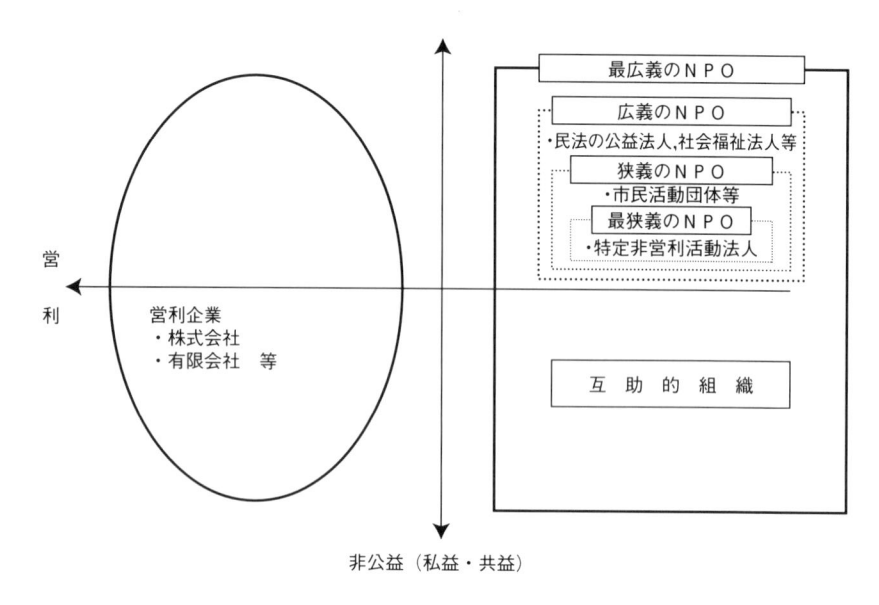

図5-9 さまざまなNPO（非営利）組織

(内閣府, 国民生活局)

　特にNPOの動向を地域のなかで十分に注目すると同時に，自らでNPOを立ち上げて介護福祉や社会福祉の専門家として活動する方法もあることを認識しておく必要がある（図5-9，表5-4）。

表5-4 特定非営利活動促進法に基づく申請受理数および認証数・不認証数(暫定数)

平成10年12月1日～平成13年5月11日累計

所轄庁名	受理数(累計)	認証数(累計)	不認証数(累計)	所轄庁名	受理数(累計)	認証数(累計)	不認証数(累計)
北海道	208	179	0	京都府	133	105	0
青森県	26	22	0	大阪府	352	282	0
岩手県	38	31	0	兵庫県	153	131	1
宮城県	88	80	0	奈良県	36	28	0
秋田県	25	22	0	和歌山県	22	21	0
山形県	30	29	0	鳥取県	16	15	0
福島県	44	35	0	島根県	21	18	0
茨城県	72	64	0	岡山県	58	50	1
栃木県	77	74	0	広島県	72	64	0
群馬県	89	82	0	山口県	48	38	0
埼玉県	93	84	0	徳島県	12	12	0
千葉県	135	122	0	香川県	19	17	0
東京都	1082	890	11	愛媛県	30	19	0
神奈川県	290	256	0	高知県	30	25	0
新潟県	52	47	0	福岡県	147	127	1
富山県	14	11	0	佐賀県	23	19	0
石川県	32	27	0	長崎県	30	30	0
福井県	23	16	0	熊本県	55	38	1
山梨県	24	22	0	大分県	25	20	0
長野県	59	54	0	宮崎県	27	22	0
岐阜県	42	36	0	鹿児島県	22	12	0
静岡県	136	114	0	沖縄県	32	26	0
愛知県	112	94	0	都道府県計	4283	3625	15
三重県	91	84	0				
滋賀県	38	31	0	内閣府	411	338	5

	受理数(累計)	認証数(累計)	不認証数(累計)
合計	4694	3963	20

(注) 定款変更による所轄庁の変更があった場合は、申請数・認証数ともに新たな所轄庁の欄へ移動させています。また、解散の場合には申請数・認証数ともに減算しています。
(現在までの解散法人数:10)

(内閣府、国民生活局)

第3節
福祉文化の創造

1．福祉文化の創造

　近年の社会福祉の基本的な変化のなかで,従来の社会福祉のイメージを払拭(ふっしょく)し新しい動きを創造していくものとして,福祉文化の活動がある。

　これまでも述べたように,日本では大正以降の富国強兵策のもとでのあり方,つまり国を富ませるだけの労働力のない人や兵士になれない人は無用とされた考え方があった。そして,その福祉は,皇室を中心とした慈恵政策や,ごく一部の篤志家の努力によって,対応がなされていた。

　その名残から,1980年代まで,社会福祉は一部の貧しい人,家族のいない人,働けない人に対するお恵みとして,上から下に施すものという感じでとらえられる傾向が強かった。

　そのようなあり方に対して,日本国憲法のもとで基本的人権の保障の一つに社会福祉が定められた。しかしながら,社会福祉教育そのものも不十分であり,とりわけ義務教育や社会福祉の専門外の教育でそれはとらえられてこなかった。たとえば,アメリカ,イギリス,北欧などでは,医療教育や建築専門の教育などで社会福祉が教育されており,このような状態とは日本は大きな隔たりがあった。

　福祉,つまり幸せを追求するということは,そのこと自体が宗教活動の祈りになり,歴史的には文化創造のエネルギーとなってきたわけである。そして,それが社会的にさらに発展した場合には,社会福祉として結実してきたのである。

燃えよ　いや高く　とこしえに

ボランティアの　心の原点は
一本のローソクのように
自らの命の火を　燃焼しつつ
人びとの心の暗やみに
希望とやすらぎの　灯をともす
愛のはたらきである

ボランティアの　心の原点は
聖者コルベの　愛のはたらきのように
修道士ゼノの　愛のはたらきのように

自らの心に　灯をともし
他者の心に　灯をともす
アガペの愛の　はたらきである

一本のローソクよ
暗やみに　光を放つ　ローソクよ
自らの　命の灯を　燃やせ
ニエポカラノフの
かぎりない愛の灯よ
燃えよ　いや高く　とこしえに

（枝見静樹　詩集『雪炎』詩行動社，2000）

無償の行為

自らを
ボランティアと思う
人びとの
ねがいこそ
無償の
行為であり

その行為の中にこそ
人間の
真実と生存の
価値がある

（枝見静樹　詩集『雪炎』詩行動社，2000）

したがって，古来からの祈りと福祉の関係をつかみ，寺社その他を単に建造物あるいは美術品として認識するのではなく，奥に潜んでいる福祉への思いをどうとらえるかということを改めて深く考える必要がある。それと同時に，現在の社会福祉に対するさまざまな人間としての思いとの関係や，一方で利用者の福祉活動のすばらしさを認識し普及させていく必要があるといえよう。

福祉現場においても，あるいは社会福祉の利用者として生活している人々のなかからも，数多くの先駆的な文化が生み出されてきた。

今日，誰もが文化的な生活，自己実現を目指していくときに，文化を含みえない社会福祉はありえないと言っても過言ではない。また，すべての人々がそうした生活を目指すときには，多面的な文化創造は不可欠となる。つまり，福祉と文化は密接なものであり，これからの福祉を考えるときに，文化とのつながりなしには福祉は考えられない。

そういう福祉と文化のつながりを基本から認識しつつ，改めて現代のあり方を変えていこうという考え方が福祉文化の創造である。

研究課題

- 地域にあるボランティア活動やNPOの活動について，調べてみましょう。そして，地域のなかで実際にボランティア活動を体験してみましょう。
- 実際に車椅子に乗ったりして，私たちの地域の「福祉のまちづくり」について調べてみましょう。そして，福祉マップをつくりましょう。
- 好きなクラブ活動や文化活動に参加したり，体験してみましょう。
その体験を福祉の現場でどのように生かせるか，話し合いましょう。

根っ子があるから飛べるんだ
――宇宙を想い，地域に生きる――

綿胞子は根っ子があるから　　飛べるんだ
フワフワフンワリ　夢の中

ねえ　　私の　　母さん知っている
　　　　あなたと　　同じ町
風に乗って　　なかまとさよならして　　南の島
　　　夢をくばりに　　こんなに遠くに飛んできた
母さんの夢を　広い宇宙に　届けたくて
母さんの愛があるから飛べるんだ
なかまがいるから飛べるんだ

綿胞子は根っ子があるから　　飛べるんだ
フワフワフンワリ　空の中

　"福祉文化"の活動は，グラスルーツ（草の根）の活動の中で，根を張り，多くの仲間作りの中で，育まれていったのです。根のない，"絵に描いた餅"ではありません。みんなが幸せに暮らせることを夢みた，父さんや母さんの祈りと暮らしの現実の中に，ほんの少しの遊び心から始まったのです。お母さんのおへそから，胎児の時に栄養も心のやすらぎも，お父さんの愛もなにもかも伝わって来たように，お母さんとお父さんの想いが，宇宙への扉を開いて来たのです。今日を生きる元気を，おいしい野菜だって大きな宇宙が育ててくれていることを知ったあなたは，世界の中で，大きくはばたいてもっと素晴らしい21世紀を創造するあなたになってくださることを信じております。

　　　　　　　　（しんどうたまお『火の鳥 日本のこころを求めて』たちばは出版，1995）

さらに学びを深めるために

書　籍
- 一番ヶ瀬康子他『余暇生活論』有斐閣，1994
- 一番ヶ瀬康子『福祉文化へのアプローチ』ドメス出版，1997
- 隅谷三喜男他監修『21世紀の高齢者文化』（長寿社会総合講座9）第一法規出版，1993
- 一番ヶ瀬康子他編『福祉文化論』有斐閣ブックス，1999
- 一番ヶ瀬康子・河畠修編『高齢者と福祉文化』明石書店，2001

ビデオ
- 「ドキュメンタリー　まさあきの詩」東京光の家
- 「福祉レクリエーション」ゆまに書房

きらめく星
――描くことで，幸せになれ――

　　まさるのお母さんは　星になった
　　本当は　まさるの小さい時に　まさるを置いて逃げたんだ
　　だけど　まさるのお母さんは　星のなか
　　それでいいんだ　まさるの心がやさしくなれるのだから

　　えりのお兄ちゃんは　川のお魚になった
　　本当は　えりの赤ちゃんの時に　死んでしまったんだ
　　だけど　えりのお兄ちゃんは　お魚なんだ
　　それでいいんだ　えりはプールで一緒に泳ぎたかったんだ

　子どもたちの叫びに現代を見，時代の織りなす母の姿に人間模様を聞き，家族の姿の中に社会の様相と構図を透かし見る時，はじめて私たちは，小さき弱きものの中に，未来のひとごとではない私たちの姿がたち現われるのです。まさに，日本画の西洋画と異なる意味空間として子どもたちの，想いと願いの，そして，日本人の生の意味を見る思いがいたします。魚が心の中に飛び跳ねています。星が母となって，輝きます。そんな生の意味と心の原型を，私たち誰もが魂の中にそっとしまって，喜びのときもかなしみの時も，そっと一人で取り出していることを思い出してみてください。

　　　　　　　　(しんどうたまお『火の鳥　日本のこころを求めて』たちばは出版，1995)

索　引

あ行

アルメイダ　32
石井十次　36
石井亮一　36
一般財源　112
エコロジカルアプローチ　154
エーデル改革　92
NPO（民間非営利団体）　198
NPO法（特定非営利活動促進法）　198
エリザベス救貧法　62
エンゼルプラン　56
エンパワメントアプローチ　154

か行

介護支援専門員　124
介護福祉士　164
介護保険制度　116, 120
核家族化現象　4
過疎・過密問題　4
感化救済事業　36
基本的人権　42, 202
救護法　40
居住福祉　16
ギルバート法　62
ケアマネジメント　148
厚生労働省　104
交通バリアフリー法　188

高度経済成長　2, 4, 10, 18, 48
高齢化社会　52, 120
高齢者福祉　115
高齢者保健福祉推進10か年戦略（ゴールドプラン）　158
国際障害者年　22, 56
国際福祉　119
国民皆保険および皆年金　48
子どもの権利条約　101, 115, 126
個別援助技術（ケースワーク）　136
コミュニティケア　74
雇用均等・児童家庭局　104
ゴールドプラン21　16, 58, 170

さ行

災害福祉　119
四箇院　30
自己覚知　174
自己決定　134, 175
自己実現　204
慈善事業　36
慈善組織協会(COS)　64, 76
児童相談所　107
児童福祉　114

児童福祉法　44, 98, 101
シーボーム報告　72
社会・擁護局　104
社会活動法（ソーシャルアクション）　144
社会資源　156
社会的入院　116
社会福祉　12, 184
社会福祉運営管理（ソーシャルワーク・アドミニストレーション）　148
社会福祉援助技術（ソーシャルワーク）　136
社会福祉協議会　100
社会福祉計画（ソーシャルプランニング）　146
社会福祉士　162
社会福祉士及び介護福祉士法　156, 160
社会福祉事業法　46
社会福祉主事　168
社会福祉調査法（ソーシャルワーク・リサーチ）　144
社会福祉法　58, 100
社会保険方式　120
社会保障関係費　110
社会保障制度　14
集団援助技術（グループワーク）　140
恤救規則　36
障害者基本法　117

208

障害者の雇用の促進等に関する法律 128
障害者福祉 117
障害者プラン 56, 170
少産系吊鐘型構造 6
少子高齢化 190
情報の共有化 180
自立支援 178
新エンゼルプラン 170
身体障害者更生相談所 107
身体障害者福祉法 46, 98, 102
スクールソーシャルワーカー 128
スーパービジョン 150
スピーナムランド制度 62
生活圏 186
生活保護 117
生活保護法 44, 98, 100
生活モデル 154
精神保健及び精神障害者福祉に関する法律（精神保健福祉法） 100, 103
精神保健福祉士 166
セツルメント活動 66
相互扶助 18, 20
ソーシャルケースワーク 78, 80
措置制度 100

た行
地域援助技術（コミュニティワーク） 142
地域福祉 24, 190
地域福祉権利擁護制度 100
知的障害者更生相談所 107
知的障害者福祉法 16, 50, 98, 103
チームワーク 150
超高齢社会 8
特定財源 112
特別養護老人ホーム 115

な行
生江孝之 40
ノーマライゼーション 22, 56, 90, 92, 130

は行
バイステックの7原則 138
ハートビル法 188
バブル経済 2
バリアフリー 131, 188
ひとり親家庭 118
秘密保持義務 178, 180
福祉元年 54
福祉事務所 106
福祉住環境 192

福祉住環境コーディネーター 192
福祉人材確保法 170
福祉のまちづくり 188
福祉文化 202, 204
婦人相談所 110
ベヴァリッジ報告 70
ベビーブーム 8
母子及び寡婦福祉法 52, 98, 101
ホームヘルパー 158, 166
ボランティア 54, 194, 196

ま行
まちづくり 186
名称独占 172

や行
ユニバーサルデザイン 131
養育院 34
要介護高齢者 120
要介護認定 124

ら行
ライフサイクル 8
リッチモンド 80
倫理綱領 175
連携 178
老人福祉法 50, 98, 102
老人保健法 116

■執筆者紹介

一番ヶ瀬　康子（いちばんがせ　やすこ）
奥付参照

古林　澪映湖（こばやし　れえこ）
奥付参照

鈴木　依子（すずき　よりこ）
1985年　日本女子大学大学院博士課程前期（修士）修了
現　在　京都女子大学講師
主　著　『社会福祉のあゆみ――日本編――』（一橋出版，1996）

宮崎　牧子（みやざき　まきこ）
1987年　日本女子大学大学院博士課程前期（修士）修了
現　在　大正大学教授
主　著　『老人福祉概論』（共著，学文社，1998），『消費者からみた，介護保障　Q＆A』（共著，1998）

藤山　邦子（ふじやま　くにこ）
1998年　東洋大学大学院博士課程前期（修士）修了
現　在　特別養護老人ホームサンフレンズ善福寺職員
主　著　『"凧まつり"と福祉教育の実践報告――田原町介護福祉教育の現場から』（共同執筆）

■執筆分担

　第1章：一番ヶ瀬，宮崎
　第2章：古林，鈴木
　第3章：一番ヶ瀬，宮崎
　第4章：鈴木，古林，藤山
　第5章：一番ヶ瀬，古林

■編者紹介

一番ヶ瀬　康子（いちばんがせ　やすこ）
1945年　日本女子大学家政学部三類（社会事業専攻）卒業
1959年　法政大学大学院社会科学科博士課程満期退学（経済学博士）
　　元　長崎純心大学人文学部教授、日本女子大学名誉教授
主　著　『アメリカ社会福祉発達史』（光生館、1963）、『21世紀社会福祉学』（編著、有斐閣、1995）、『一番ヶ瀬康子　社会福祉論著作集』（全5巻、労働旬報社、1995）

古林　澪映湖（こばやし　れえこ；本名　古林淑子）
1971年　淑徳大学卒業
1976～77年　ストックホルム大学大学院セミナーに在籍
1986年　日本女子大学大学院博士課程前期（修士）修了
1990年　日本女子大学大学院博士課程後期満期退学
現　在　花凛六合福祉文化研究所
主　著　『老人福祉とは何か』（共著、ミネルヴァ書房、1985）、『21世紀社会福祉学』（編著、有斐閣、1995）、『生活福祉への助走』（ドメス出版、1996）

社会福祉専門職ライブラリー〈介護福祉士編〉
社会福祉概論

2001年11月15日　第1刷発行
2009年4月1日　第7刷発行

編　者──一番ヶ瀬康子／古林澪映湖
発行者──柴田敏樹
発行所──株式会社　誠信書房
　　　　〒112-0012　東京都文京区大塚3-20-6
　　　　電話 03-3946-5666
　　　　http://www.seishinshobo.co.jp/
印刷者──西澤道祐
印刷所──あづま堂印刷
製本所──イマヰ製本所

落丁・乱丁本はお取り替えいたします
検印省略　無断で本書の一部または全部の複写・複製を禁じます
Ⓒ Ichibangase & Kobayashi, 2001　Printed in Japan
ISBN4-414-60915-1 C3336

福祉の哲学〔改訂版〕
ISBN978-4-414-60329-3

阿部志郎著

50年間，福祉の現場と大学での教育に携わってきた著者が綴る，福祉を目指す人へのメッセージ。ハンセン病患者の呻き，障害児の母の流した涙，施設入所を拒む老人，難民の少女の叫びなど，さまざまな人の生き様に触れ，苦悶し，自省し，思索し，勇気づけられた経験と想いを平易に語りかける。新たに1章分を加筆し，装丁も新たにした待望の改訂版。

目　次
第1章　呻きに答える
　　　　隔離される／哲学を求める／他
第2章　出会い
　　　　邂逅とは／心の友／一期一会／他
第3章　文明病
　　　　近代化とは／心の貧しさ／他
第4章　老い
　　　　老いの坂／孤立と孤独／星を仰ぐ
第5章　魂の美しさ
　　　　子どもとともに／弱さと強さと／他
第6章　「助ける，なぜ悪い」
　　　　ボランティアとは／連帯と互酬／他
第7章　ともに生きる
　　　　ある町での体験／参加ということ／他
第8章　世界に目を開く
　　　　平和と福祉／国際化への道／他
第9章　ヒューマン・サービス
　　　　和解の恵み／「血と土」を超えて／他

　　　　四六判上製　定価(本体1700円+税)

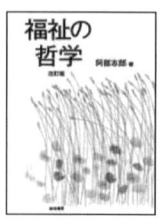

子ども家庭福祉論
ISBN978-4-414-60143-5

柏女霊峰著

第8版を数えた『現代児童福祉論』のリニューアル版。平成21年施行の「保育所保育指針」，改正児童福祉法，改正次世代育成支援対策推進法を盛り込んだ最新版。児童福祉法や関連法の成立から現代に至る変遷，また各改正により何がどう変わったのか易しく解説する。

目　次
第1章　子ども家庭福祉を考える視点
第2章　子どもの社会的特性と必要とされる配慮
第3章　子どもと子育て家庭の現状
第4章　子どもの育ち，子育てのニーズ
第5章　戦後の子ども家庭福祉通史
第6章　子ども家庭福祉の基本理念
第7章　子ども家庭福祉の法体系
第8章　子ども家庭福祉の実施体制
第9章　子ども家庭福祉の新展開
第10章　子育ち・子育ての経済的支援サービス
第11章　母子保健サービス
第12章　子育て支援サービス
第13章　保育サービス
第14章　子ども育成サービス
第15章　障害児童福祉サービス
第16章　社会的養護サービス
第17章　非行，情緒障害児童福祉サービス
第18章　ひとり親家庭福祉と配偶者からの
　　　　暴力防止のためのサービス
第19章　子ども家庭福祉と援助活動

　　　　A5判並製　定価(本体2300円+税)

社会福祉士・介護福祉士のための用語辞典［第2版］

ISBN978-4-414-60525-9

古川孝順・白澤政和・川村佐和子 編

本書の特色
- 改正介護保険法，自立支援法に関する新たな用語を追加。
- 両福祉士国家試験の全科目にわたり3600以上の用語を収録し，わかりやすく解説。
- 経験豊富な専門家約100名による執筆。
- 国家試験受験準備，日々の自習に必携。
- レポート作成に便利な充実した索引。

主要科目
- 社会福祉原論，社会福祉概論
- 老人福祉論
- 障害者福祉論
- 児童福祉論
- 社会保障論
- 公的扶助論
- 社会福祉援助技術
- 心理学，老人・障害者の心理
- 社会学　・法学
- 介護概論，介護技術，形態別介護技術
- リハビリテーション論
- 精神保健

A5判並製　定価（本体3400円＋税）

ソーシャルワーク記録
理論と技法

ISBN978-4-414-61007-9

副田あけみ・小嶋章吾 編著

ソーシャルワークにとって記録のあり方は，最重要課題の一つである。ソーシャルワーカーのみならず，援助職には，正確な記録を効率的・効果的に示し，援助活動へ活かし，適切に管理していく能力が要求されている。本書はこれらを踏まえ，体系的にかつ総括的に学べるよう編集した，テキストに最適の一冊。

目次
Ⅰ　理論編
　1　ソーシャルワーク記録とは何か
　2　記録の課題
　3　記録の種類と取り扱い
Ⅱ　実際編：各機関のソーシャルワーク記録
　4　機関・施設における相談援助記録
　5　集団・地域援助記録
　6　運営管理記録
Ⅲ　演習編
　演習課題1　相談援助記録：開始期／他：
　演習課題2〜6／回答例1　面接記録／他：
　回答例2〜3／付録　演習用記録用紙

B5判並製　定価（本体2400円＋税）

ケースワークの原則
援助関係を形成する技法
[新訳改訂版]
ISBN978-4-414-60404-7

F．P．バイステック著
尾崎　新・福田俊子・原田和幸訳

本書は，ソーシャルワーク臨床の原点である「援助関係」の基礎を論じた古典的名著である。今版は，「英国版への助言」及び更なる改訳を加えたことにより，バイステックの示した援助関係の意義・関係形成の技法が，より鮮明となり理解を促す。

目　次
第1部　ケースワークにおける援助関係の本質
第2部　援助関係を形成する諸原則
　原則1　クライエントを個人として捉える
　原則2　クライエントの感情表現を大切にする
　原則3　援助者は自分の感情を自覚して吟味する
　原則4　受けとめる
　原則5　クライエントを一方的に非難しない
　原則6　クライエントの自己決定を促して尊重する
　原則7　秘密を保持して信頼感を醸成する

四六判上製　定価(本体2000円＋税)

ケースワークの臨床技法
「援助関係」と「逆転移」の活用
ISBN978-4-414-60118-3

尾崎　新著

援助者の多彩な個性やもち味を十分に生かし，ダイナミックで生き生きとした援助関係を築くという発想，それを実現するための具体的できめ細かな記述は，新たなケースワーク臨床の地平を感じさせる。

目　次
第1部　ケースワーク臨床の特質と「ほどよい援助関係」
　1　ケースワーク臨床の多面性
　2　ケースワーク臨床における援助関係の重要性
　3　「ほどよい援助関係」
第2部　援助関係の活用
　4　援助関係の形成
　5　援助関係の活用
　6　援助関係の終結
第3部　逆転移の活用
　7　自覚しない逆転移
　8　逆転移の意識化と活用
　9　「自己覚知」から「自己活用」へ

A5判上製　定価(本体2200円＋税)